D1609048

NIÑOS ATENTOS y FELICES con MINDFULNESS

Teresa Moroño

Niños ATENTOS y FELICES con mindfulness

Grijalbo

Primera edición: enero de 2019

© 2019, Teresa Moroño
© 2019, Penguin Random House Grupo Editorial, S.A.U.
Travessera de Gràcia, 47-49. 08021 Barcelona

Printed in Spain – Impreso en España

Ilustraciones: Ed Carosia

ISBN: 978-84-17338-22-0
Depósito legal: B-25.781-2018

Compuesto en: M. I. Maquetación, S. L.
Impreso en Gráficas 94, S. L.
Sant Quirze del Vallès (Barcelona)

DO 3 8 2 2 0

Penguin
Random House
Grupo Editorial

No hay causa que merezca más alta prioridad que la protección y el desarrollo del niño, de quien dependen la supervivencia, la estabilidad y el progreso de todas las naciones y, de hecho, la civilización humana.

Cumbre Mundial de la Infancia de la ONU, 30-09-1990

A Julia, María, Isabel y Jimena

Mis cuatro niñas, ahora adolescentes, que tanto me han
inspirado y enseñado

Y a todos los niños que puedan encontrarse
en sus situaciones

In memoriam:
Mi hermano Luis, mi padre Luis Miguel,
y mis abuelos María y Antonio

Vuestra esencia, voz y sonrisas. Jamás nos dejaréis

ÍNDICE

PRÓLOGO

En los últimos años, movilizados tal vez por la evidencia de una sociedad cuyos ritmos parecen contradecir la naturaleza del niño, son muchos los padres, madres, maestros y maestras que se han adentrado en la investigación de nuevas formas de educar en un contexto de atención plena, hacia uno mismo y hacia el otro. Es así como el mindfulness comienza a formar parte de la cotidianidad de cada vez más hogares y escuelas, acompañando a los niños y niñas en el proceso de aprender a observar y aceptar los pensamientos y emociones, avanzando hacia respuestas abiertas y no reactivas.

A día de hoy son muchos los estudios científicos que avalan los beneficios de la práctica del mindfulness en la infancia y la adolescencia, ya que favorece procesos atencionales y actitudes positivas hacia uno mismo y el entorno, así como mejoras en la regulación emocional, cambios en la perspectiva de uno mismo y mayor conciencia corporal. No obstante, bien sabemos que esta valiosa realidad científica necesita verse traducida en acciones cotidianas si queremos avanzar hacia un verdadero cambio educativo, y no será sino la experiencia personal de cada madre, padre, educador o educadora en su día a día lo que finalmente permita complementar esta visión y experimentar las posibilidades del mindfulness para construir un proceso de enseñanza y aprendizaje consciente.

Conocedora de esta realidad, Teresa Moroño ofrece en estas páginas un puente que nos conduce, de forma clara y certera, de la teoría a la acción. Tras una breve introducción sobre qué es el mindfulness y cómo desarrollar la atención plena en la infancia y la adolescencia, partimos de la mano de Diego, Jorge, Toni, Isabel, Elena, Eva, Julia y Jimena, niños y niñas que a través de sus historias nos ayudan a explorar el potencial del mindfulness en relación con elementos que todos podemos reconocer en nuestro contexto inmediato: emociones como el miedo, la ira o la tristeza, situaciones de violencia en el contexto escolar o casos de insomnio y estrés en la infancia, entre otros.

La autora encuentra inspiración en su realidad más cercana y nos permite indagar en la importancia de aspectos como la observación, la atención, la aceptación, la autocompasión, la empatía y la libertad en el establecimiento de relaciones plenas, conscientes y, en definitiva, saludables, con nuestros hijos y alumnos.

Es así como, dirigiéndose a un público diverso, la autora:

1) invita a los niños y adolescentes a mirar hacia dentro para encontrar su verdadero hogar, pues asegura que este no está en las pantallas, en las compras o en las redes sociales. Ofrece una serie de prácticas y recursos para acompañarlos en el proceso de experimentar la emoción y, lejos de huir de ella, aprender a reconocerla, observarla, familiarizarse con sus diversas manifestaciones y, en última instancia, permitirse sentirla sin dejarse arrastrar por ella;

2) da diversas claves a madres y padres para poder salir de la paternidad automática y los anima a desarrollar su atención para detectar hábitos heredados que impiden conectar con la experiencia de la paternidad y la maternidad conscientes. Así, evitarán caer en la figura del «padre helicóptero» que merodea continuamente, y dejarán espacio al niño para explorar su libertad, sobre la base del amor incondicional de su familia;

3) invita, asimismo, a profesores y profesoras a acompañar al niño y al adolescente en la observación de sus propias emociones, en la exploración de sus potencialidades y en el descubrimiento del superpoder de la atención. Ofrece recursos para acompañar al alumnado en el proceso de desarrollo de la empatía y la autoestima, así como en el cultivo de la gratitud y la felicidad. Situando siempre al niño como protagonista del proceso, la autora expone diversas secuencias de trabajo adaptadas a perfiles diferentes, que pueden servir de inspiración para situaciones con las que nos encontremos en nuestro contexto inmediato.

En definitiva, combinando historias, cuentos, prácticas, explicaciones, experiencias, propuestas, consejos y reflexiones, *Niños atentos y felices con mindfulness* es un manual que pretende acompañar en los primeros pasos a aquellos educadores y educadoras que, con los ojos curiosos de un niño, han alcanzado este libro de la estantería convencidos de que una educación más atenta es posible.

JAVIER GARCÍA CAMPAYO
Catedrático acreditado de Psiquiatría
Director del Máster de Mindfulness
de la Universidad de Zaragoza

INTRODUCCIÓN

La aventura de preparar un curso y posteriormente lanzarme a escribir un libro sobre mindfulness para niños y adolescentes comenzó en el verano de 2015.

Mi hermana Cristina tiene una casa en Ibiza, y normalmente pasamos parte de las vacaciones en familia. Aquel verano fue diferente para todos: nuestro querido hermano Luis se había ido para siempre, había fallecido a causa de un cáncer en junio, a los cuarenta y cinco años, y todos estábamos muy, muy alterados emocionalmente.

La tristeza nos envolvía. Ana, la mujer de Luis, simulaba estar bien por sus hijas María e Isabel, pero su espíritu la delataba. Mi madre, María Teresa, no podía ocultar su estado, era como si la hubieran enterrado en vida. Y tanto mis hermanas Cristina y Beatriz como yo nos encontrábamos inmersas en un vaivén de estados de ánimo, que pasaban de las discusiones al llanto.

Ese verano fue emocionalmente muy difícil; las niñas, nuestras niñas, también lo estaban pasando muy mal. Y eso duele mucho. Mis sobrinas María e Isabel, de doce y nueve años, reaccionaron de forma muy diferente. María, la mayor, se encontraba en un constante enfado, todo le sentaba mal y acababa dando rienda suelta a una gran ira contra todo lo que la rodeaba. Para mí estaba claro: expresaba su disconformidad y la falta de aceptación de la enfermedad y el fallecimiento de su padre, al que adoraba. Isabel de repente descubrió todos los miedos del mundo. El primero, a separarse de su madre; estaba todo el rato preocupada cuando Ana se iba a trabajar, no entendía que tuviera que separarse de ella. Le costaba dormir y, por si esto fuera poco, imaginaba catástrofes como un hipotético tsunami en la playa en la que estábamos, o un incendio en los bosques de la isla. Isabel, en esa época, comenzó a comer con mucha ansiedad.

Todas estábamos muy volcadas en María e Isabel, y mi hija Julia, que tenía once años, también sufría, y no solo por la ausencia de su tío. Aquel ambiente de emociones unido a su sensibilidad hizo que en ocasiones se sintiera aislada. ¡Y despertaron los celos!

Mi sobrina Jimena fue una gran fuente de inspiración a la hora de escribir este libro, pues con ella pude experimentar algunas estrategias de mindfulness que os cuento más adelante. Jimena es una niña muy especial y muy inteligente, tiene unas ganas enormes de comerse el mundo. Tanto es así que en el instituto genera grandes envidias que desembocan en situaciones de bullying. Ella es fuerte y lo sobrelleva, y Alicia, su madre, lo gestiona con eficacia, pero Jimena sufre mucho interiormente porque lo que quiere es ser una niña normal y aceptada en su grupo.

Lo tenía ante mí, y aquella tarde decidí crear el curso que llamé «Niños atentos y felices con mindfulness». Mi cabeza no paraba de maquinar y estaba muy emocionada. La intención de todo eso era muy clara: ayudar a mis queridas niñas a superar las emociones más básicas y complicadas que nos caracterizan y que en tantas ocasiones nos hacen la vida muy difícil: la ira, el miedo, los celos, la tristeza.

Cuando comencé a impartir los cursos de mindfulness por mi cabeza ya rondaba la idea de escribir. Sentía la necesidad de transmitirlas técnicas que estaba practicando con los niños y que estaban funcionando tan bien.

Soy de las que piensan que para que te ocurran las cosas que quieres, tienes que creer, tienes que visualizar.

No podía imaginar lo que el destino me tenía reservado cuando Teresa y Cristina, de Grijalbo Ediciones, se pusieron en contacto conmigo. Y sí, el libro surgió. ¡Iba a escribir sobre mi pasión!

Me dije a mí misma: «Tienes una gran responsabilidad, esto debe ayudar a que los niños, los padres y los educadores sean más conscientes del bienestar y la salud». Una de las mayores satisfacciones que he vivido hasta ahora ha sido haber escrito el presente libro.

Este proyecto lo he realizado con todo mi amor, cariño, dedicación y pasión.

(Los nombres de algunos de los protagonistas son ficticios a fin de proteger su intimidad.)

SOBRE MÍ

Desde bien pequeña comencé a interesarme por la biología y la psicología. Siempre he sentido mucha curiosidad por la relación entre la mente y el cuerpo, por cómo influyen los pensamientos en el comportamiento y las emociones, por cómo se manifiestan en el cuerpo y cómo se puede cambiar todo esto, pues al fin y al cabo las personas somos pura química.

Estudié biología molecular y comencé mi actividad profesional en diferentes multinacionales farmacéuticas, ocupando puestos de responsabilidad. Era un trabajo que me generaba estrés e insomnio, de modo que en el año 2002 empecé a practicar yoga y meditación. A las pocas clases ya noté los beneficios, la tranquilidad, el bienestar. Estas prácticas se convirtieron para mí en una verdadera terapia. Cuando las adversidades que te depara la vida llegaron, hicieron que me

replanteara mi situación vital y profesional. Y lo hice: me formé profesionalmente en mindfulness, psicología y yoga, algo que siempre había sentido que tenía que hacer.

Entonces comencé a practicar meditación *vipassana* y *metta*, las meditaciones que acompañan al mindfulness. Descubrí, para mi sorpresa, prácticas sencillas y transformadoras, prácticas con las que comienzas a verlo todo con claridad y que realmente te liberan del sufrimiento. Aquellos días tuve la ocasión de comprobar hasta qué punto puedes aprender a aceptar el sufrimiento, a convivir con él y, lo más importante, a crecer, a quererte y a hacerte fuerte cuando piensas que está todo perdido.

Lo mejor, sin duda, fue comprobar que con este nuevo estilo de vida podía ayudar a las personas, especialmente a los niños.

CAPÍTULO 1

MINDFULNESS

¿QUÉ ES EL MINDFULNESS?

Mindfulness es un término anglosajón que se ha traducido al castellano como «atención plena», y se refiere a la capacidad de estar atento y consciente en el momento presente, de manera intencional, observando lo que pasa dentro y fuera de nuestra mente, experimentando nuestra vida como es y sin emitir juicios. La capacidad de atención plena es una cualidad que poseemos todos los seres humanos, aunque lo normal es que no seamos conscientes de ello.

El mindfulness nos enseña a desarrollar la atención y a estar presentes en el momento de hacer todo lo que hacemos, a ser conscientes de nuestros pensamientos y emociones, y también a darnos cuenta de todo lo que ocurre en nuestro entorno.

Nos hacemos más conscientes de nuestro cuerpo desplegando los cinco sentidos, así experiencias simples como despertarnos, ducharnos, cocinar, conducir, escuchar el canto de los pájaros, sentir la planta de los pies al caminar o prestar atención a los juegos con nuestros hijos nos hacen disfrutar plenamente y comenzamos a fascinarnos con todo, pues aprendemos a vivir el momento presente.

Nos sentimos, nos escuchamos y estamos abiertos a cualquier experiencia como si fuéramos observadores, sin perdernos en nuestros pensamientos o en nuestras historias de pensamientos encadenados, es decir, sin pasar de un pensamiento a otro sin control.

Nuestra atención entonces se vuelve flexible y constante, capaz de adaptarse a diferentes situaciones. Por ejemplo, oímos el timbre del teléfono mientras estamos resolviendo los problemas de matemáticas y somos capaces de volver a centrarnos en nuestra tarea, o mientras estamos trabajando nos detenemos unos minutos para sentir cómo están diferentes zonas de nuestro cuerpo y luego regresar a la actividad laboral.

Gracias a vivir siendo conscientes de todo, es decir, estando plenamente presentes, vamos desarrollando poco a poco una serie de actitudes. Son las llamadas **actitudes mindfulness**.

Aprendemos a aceptar las experiencias que no nos resultan agradables, las vivimos y las experimentamos. No significa que tengamos que resignarnos a lo que no nos gusta, sino que aceptar es simplemente comprender que las situaciones no se pueden cambiar. El mindfulness nos provee de sabiduría para entender cuándo es posible modificar vivencias o situaciones y cuándo no lo es.

Nos abrimos a cualquier experiencia que nos depare la vida y la afrontamos con una curiosidad que es propia de los niños. Nuestro paso por cada día de nuestra vida se convierte en un regalo extraordinario.

Aprendemos a soltar, a dejar ir, a no aferrarnos a las cosas, a las situaciones, a las personas. Nuestra perspectiva y capacidad de percepción aumenta.

En este proceso es importante no juzgar, aunque al principio nos resulte complicado debido a nuestra cultura y educación. Poco a poco, gracias a la práctica del mindfulness o atención plena, se van disolviendo las influencias del aprendizaje previo y vamos incorporando nuevas pautas y respuestas más pausadas y acordes con nuestros valores adquiridos.

Normalmente vivimos con el piloto automático activado por culpa de nuestro estilo de vida, que alaba el «hacer-hacer», y nos dedicamos a hacer muchas cosas de las cuales a menudo ni siquiera nos damos cuenta. Y así se nos pasa la vida, con la cabeza llena de pensamientos y corriendo de acá para allá con miles de tareas pendientes y con la sensación de que no llegamos a todo.

Esto nos provoca la pérdida de la capacidad de atención y mucho estrés. A nivel celular se producen cambios estructurales y metabólicos, que a veces hacen que este estrés constante a lo largo del tiempo nos ocasione enfermedades de diversa índole.

Lo peor es que las prisas que llevamos nosotros se las transmitimos a nuestros hijos y ellos las ven como algo normal. Y aquí se desencadena el problema: la atención que los niños precisan desarrollar nosotros se la limitamos con nuestra forma de vivir.

Les imponemos múltiples tareas, múltiples actividades extraescolares, como si las relaciones sociales fuesen lo más importante en su proceso de aprendizaje. Por otra parte, el protagonismo que actualmente tienen los teléfonos móviles, tanto dentro como fuera de casa, es realmente peligroso. La adicción al móvil daña el cerebro, reduce la capacidad de atención y merma la inteligencia.

Creo que no somos conscientes del daño que esta forma de vivir puede llegar a ocasionar a estos niños sobreestimulados. Lo que ven nuestros hijos en nosotros lo aprenden muy rápido y para siempre. Los efectos del estrés en los niños son igual de nocivos que en los adultos.

Se nos olvida ser, es decir, se nos olvida conectar con nuestro interior. Ser es recordar que conectando con nosotros mismos alcanzamos lo que todos ansiamos, que es vivir felices. Creemos que buscando fuera de nosotros vamos a encontrar la felicidad. Nos venden que haciendo, comprando y teniendo conseguiremos el éxito y la felicidad, pero en realidad es al contrario: hemos de comenzar por ser, por estar presentes, por conocernos, pues solo así lograremos bienestar y felicidad. Y será entonces cuando los éxitos vendrán solos.

Gracias a cambiar el chip y comenzar a vivir en modo mindfulness, es decir, con atención plena, aprendemos a saborear el presente, nuestro día a día, nuestro momento. Y paso a paso comenzamos a vivir y experimentar un estado de paz y a ver la vida del color de la felicidad. Esto nos permite agradecer que estamos vivos, aceptar nuestro presente en lugar de perdernos en los problemas del pasado o en proyectos y preocupaciones del futuro.

Desde el punto de vista del niño, es evidente que cuando los padres están más presentes, también están mucho más atentos a las necesidades de sus hijos, a las conversaciones con ellos, y de este modo los niños se sienten más seguros y felices. Los padres atentos tienen niños atentos.

Nosotros los adultos somos responsables de la felicidad de nuestros hijos y tenemos que enseñarles a estar bien. Debemos ayudarles a entender que la felicidad no se encuentra fuera de nosotros, que no se obtiene en las compras, las consolas, las redes sociales ni las múltiples actividades.

Es más simple: hay que transmitirles que aprendiendo a mirar hacia dentro encuentran su verdadera casa, su verdadero ser y su felicidad.

Aprendemos a mirar hacia dentro mediante la meditación, un tema que explicaré en el siguiente capítulo.

No son pocos los adultos que en las clases me comentan: «Si hubiera conocido el mindfulness en la adolescencia, cuánto dolor y daño me habría evitado», y por supuesto, todos los que son padres afirman que les gustaría que sus hijos aprendiesen las técnicas de mindfulness.

Gracias al mindfulness, profundizamos en nosotros mismos, lo cual nos facilita que podamos conocernos, y este es el primer paso para querernos más y mejor. Es un ingrediente fundamental para nuestro bienestar y fortalecer la autoestima. De igual forma, a la vez que nos tratamos mejor a nosotros mismos, tratamos mejor a los demás. Es decir, tratarnos mejor fomenta nuestra capacidad de autocompasión y compasión. Nos sentimos cada vez más conectados con nosotros mismos, con los demás, con toda la humanidad, con la naturaleza y con el universo.

A finales de los años setenta, en Boston (Estados Unidos), el doctor John Kabat-Zinn, de la escuela de medicina de la Universidad de Massachusetts, se dio cuenta de un grave problema que tenía el mundo occidental: el daño y el sufrimiento generado por nuestro estilo de vida producía estrés y enfermedades. Kabat-Zinn unió el método científico con las tradiciones contemplativas orientales, importó las técnicas de meditación e introspección procedentes del budismo y comprobó su efectividad mediante estudios científicos. Creó un protocolo para tratar el dolor crónico y para reducir el estrés en el que la persona participaba activamente en el proceso.

Este programa se denominó Mindfulness Based Stress Reduction (MBSR), y desde entonces ha acumulado suficiente evidencia empírica favorable para aplicarlo en casos de estrés. Los estudios que demuestran la eficacia del mindfulness se han multiplicado de manera exponencial en los últimos cinco años. Actualmente hay protocolos de mindfulness en hospitales y universidades de todo el mundo, y su uso se ha extendido a otros ámbitos, como el educativo.

Todo esto y la probada eficacia en la reducción del estrés, al permitirnos ser conscientes de emociones y percepciones, hace que las prácticas de mindfulness resulten cada día más valoradas en terapias médicas y psicológicas para adultos y niños.

¿QUÉ ES LA MEDITACIÓN?

La meditación es una práctica introspectiva, de recogimiento interior o contemplación, que nos permite llegar al estado de atención plena o mindfulness de presencia y conciencia aumentada.

La meditación nos enseña a conectar con nuestro ser, con nuestro yo interior, y nos procura capacidad psicoespiritual.

Conseguimos calmar el cuerpo y la mente para entrar en un estado de entendimiento y visión clara.

Meditar es la **práctica formal del mindfulness.**

Las prácticas introspectivas surgieron con el fin de transformar la vida de las personas, motivando un mirar hacia nuestro interior, con el objetivo de conectar con la sabiduría y capacidad de equilibrio y sanación que poseemos de forma natural.

La conexión íntima con nosotros mismos nos genera un conocimiento de nuestro propio ser mucho más profundo, permite que nos desarrollemos personalmente y aumenta nuestra capacidad de concentración y de atención. Con la práctica disminuye nuestra reactividad emocional y llegamos a ser capaces de reconocer pautas adquiridas y entender que es posible cambiarlas. Meditar nos proporciona además un profundo estado de relajación y de equilibrio tanto físico como energético, y aumenta la capacidad intuitiva, la inteligencia y la memoria.

Gracias a la meditación podemos darnos autocompasión y ser amables con nosotros mismos cuando nos sentimos mal, y dar compasión a los demás. Aparte de eso, experimentamos una mayor conexión con la naturaleza, con nuestro planeta y el universo.

Las **meditaciones *vipassana* y *metta*** son la base para el desarrollo del mindfulness, y tienen como objetivo aumentar la capacidad de atención plena, lo que nos permite vivenciar cada día el aquí y ahora. Estas técnicas provienen del budismo que se practicaba en el norte de India hace más de tres mil años.

Tenemos que aprender a meditar y hacerlo de manera regular para poder saborear todos los beneficios del mindfulness.

Solo así aprendemos a desprogramar nuestra mente y las emociones derivadas de la angustia y la ansiedad.

Las **prácticas formales de mindfulness**, es decir, el momento en que nos sentamos a meditar de manera programada y formal, hacen posible el desarrollo de esta nueva forma de vida atenta y consciente. Es lo que yo llamo «vivir en modo mindfulness», que no es más que aprender a cultivar una forma de vida impregnada del perfume de la presencia y la atención en todo momento. Este estado de atención plena se conoce como **práctica informal de mindfulness**.

Los niños que aprenden a meditar, con su cerebro en pleno crecimiento, aprenden a recurrir a estas técnicas cuando lo necesitan. Y lo hacen de una forma más simple y natural que los adultos, porque ellos ya poseen la capacidad de asombro y apertura, ya viven en el presente en vivaz conexión con todo lo que les rodea.

La forma de vida en las ciudades ha hecho que vayamos perdiendo la capacidad de conexión con nuestro ser, con todas las consecuencias que ello conlleva. Por esto es primordial que el niño aprenda a conectar consigo mismo, y que experimente los beneficios inmediatos que le aporta. Este tipo de prácticas asimiladas en la infancia, con una mayor facilidad que en el caso del adulto, acompañarán al niño toda su vida, y le proporcionarán una serie de recursos muy importantes para su felicidad.

El concepto de meditación es fácil de entender, aunque en un principio la práctica nos puede resultar compleja. He oído decir más de una vez que meditar es «dejar la mente en blanco», sin pensamientos. Sin embargo, esto no es posible. Lo que sí podemos lograr es desplazar esos pensamientos a un segundo plano, y precisamente es lo que aprendemos en las prácticas meditativas.

El niño comprende fácilmente que los pensamientos generan emociones y que las emociones se perciben en el cuerpo. Comprende que cuando se siente mal puede actuar para lograr estar mejor, y que puede hacer que esas emociones sean pasajeras.

A los niños les explico que han de viajar de su mente a su cuerpo. Ellos intuyen a qué zona de su cuerpo prefieren viajar. Pueden viajar a la nariz y observar las sensaciones que se producen cuando respiran, o a las manos, los pies, las caderas, el corazón. Con la práctica cada uno va eligiendo su ancla (objeto de meditación), y en los momentos de necesidad, es decir, de excesivo pensamiento, saben lo que tienen que hacer. El trabajo con el cuerpo es fundamental para aprender a escucharlo.

En la meditación es imprescindible el compromiso con la práctica. Sin práctica no hay cambios. Introducimos a los niños en la meditación a través del juego, para que quieran meditar todos los días un ratito, al levantarse, antes de comenzar una clase, después de merendar o antes de acostarse. La regularidad es muy importante, y al principio también la implicación del adulto.

A lo mejor es posible crear un espacio de meditación en casa, con unas alfombras o esterillas de yoga, luz suave, incienso, cojines o zafús de meditación. También es posible meditar en una silla, con la espalda recta, si se padece algún problema físico que impida sentarse en el suelo. Lo importante es tener la espalda recta y sin tensión.

¿POR QUÉ LOS NIÑOS TIENEN QUE INICIARSE EN EL MINDFULNESS?

«El mindfulness ha demostrado tener una clara relación con el desarrollo de la inteligencia emocional en los niños.»[1]

Es en los primeros años de vida cuando los niños desarrollan la capacidad tanto de atención como de concentración. La atención desempeña un papel importantísimo en la formación de los niños, de hecho, la mayoría de los juegos y tareas en la etapa infantil de la escolarización pretenden que los niños adquieran una mayor capacidad de atención y concentración. Esta capacidad aumentada de atención también se relaciona con la inteligencia emocional y con la consecución de perfiles emocionales más positivos y adaptativos.[2]

Los niños viven de manera natural en el aquí y ahora, su capacidad para conectar con el momento presente es infinitamente superior a la de los adultos. Pueden ensimismarse en sus juegos o sus pinturas, o incluso contemplando una hoja que cae del árbol.

Los adultos, con nuestras prisas, les vamos reduciendo esa capacidad de apertura a lo nuevo. Y precisamente gracias a las prácticas de meditación que aprenden, recuperan, o más bien no pierden, la capacidad de asombro —la mente de principiante, de investigador— que poseen de forma innata.

Las técnicas de mindfulness para niños se van adaptando en función de la edad de los pequeños, y constituyen un gran recurso en la etapa infantil, la adolescencia y a lo largo de cualquier etapa de la vida.

El niño comienza a darse cuenta de que posee un arma muy poderosa, la atención, al notar el inmediato bienestar y su capacidad de atención aumentada. Entonces comienza a realizar sus tareas con mayor grado de concentración, y también se fortalece su capacidad de relajación. La práctica de la meditación, además, le hace más fácil expresar y comprender sus diferentes emociones. Identifica las emociones que siente y entiende que sus enfados, miedos y celos pueden durar y afectarle menos.

Los niños aprenden a mirar a su interior y a conocerse, lo cual les genera mayor seguridad a la hora de expresar sus emociones y gestionarlas.

El mindfulness motiva al niño para que se trate a sí mismo con más amor y amabilidad, le fomenta una autoestima sana y mejora su conexión con los demás.

NIÑOS ATENTOS Y FELICES CON MINDFULNESS. CÓMO USAR ESTE LIBRO

Las explicaciones, consejos y prácticas que pretendo transmitir en este libro son una adaptación del protocolo MBSR del doctor Jon Kabat-Zinn al mundo de los niños. También deseo aportar los conocimientos de psicología, yoga y meditación que he adquirido tras muchos años de práctica, y lo más enriquecedor, que son mis experiencias con mi hija, mis sobrinos y mis alumnos.

Todo ello con un objetivo claro: ayudar a **niños y adolescentes** a conectar con ellos mismos, con su corazón, y a que reconozcan el gran poder que tienen cuando aprenden a mirar hacia dentro. Se trata de que entiendan que pueden crecer desarrollando la capacidad de vivir presentes, de ser felices, de eliminar miedos, de obviar juicios y de ser mejores personas.

En cuanto a los **padres y educadores**, el objetivo es orientar y proporcionar una guía clara para la práctica del mindfulness y la aplicación de las herramientas que este nos brinda.

Los niños hacen lo que ven en casa: los padres meditadores tienen niños meditadores. Cuando los padres comparten experiencias meditativas con los hijos se genera un vínculo especial y enriquecedor y un ambiente cálido y armónico.

Si las herramientas que nos proporciona el mindfulness se trabajan, además de en casa, en la escuela, el resultado en el bienestar de los niños y jóvenes se verá incrementado.

Todas las prácticas que describo en el presente libro están diseñadas para niños, y también hay adaptaciones para adolescentes. Los padres y educadores que no hayan meditado nunca pueden perfectamente iniciarse con los audios que acompañan a este libro y a los que podrán acceder mediante un **código QR**.

Los profesores y educadores procuran cada vez más, y en la medida de sus posibilidades, proporcionar a los alumnos herramientas que de alguna manera les sirvan para trabajar los valores y las habilidades socioemocionales, y cada vez son más los programas y sesiones de mindfulness que se implantan en las aulas. Hay un gran número de estudios que demuestran la relación entre la práctica del mindfulness y el bienestar de los alumnos, su rendimiento académico, sus habilidades sociales y la salud física de niños y adolescentes.

En las escuelas crece el interés en la gestión de los problemas de salud mental, la prevención del acoso escolar y las conductas antisociales. Por eso he creído interesante aportar mi experiencia en dos tipos de situaciones que preocupan, in crescendo, a padres y profesores, y en las que he podido comprobar que el mindfulness actúa de manera sinérgica con las terapias que puedan llevarse a cabo: los niños con TDAH (trastorno por déficit de atención y/o hiperactividad) y el bullying.

Cada capítulo de este libro cuenta con una explicación teórica simple, y otra más extensa acerca de las prácticas. Después se detallan las prácticas en sí. Pues es a través de la experiencia como los niños van incorporando y asimilando los conceptos teóricos.

En este libro recojo las herramientas que trabajo en el programa «Niños atentos y felices», que imparto a grupos de niños y en colegios.

A continuación explico brevemente cómo suelo organizar las diferentes sesiones, por si tuvierais interés en crear vuestro propio programa.

El programa tiene seis clases:

- En la primera clase trabajo a fondo los conceptos de atención y atención plena. Las prácticas que afianzan y desarrollan estos conceptos se repiten en las seis clases.
- Hay tres clases dedicadas a la identificación y gestión de las emociones que más preocupan a los niños y adolescentes, como la ira, los celos, los miedos y la tristeza. Los jóvenes aprenden a percibir sus estados emocionales para identificar las emociones que sienten con pensamientos y localizarlas en su cuerpo, con el fin de aprender a dejarlas ir.
- Las dos últimas clases están centradas en el desarrollo de una autoestima sana, la autocompasión, la compasión hacia

los demás, la gratitud y la escucha consciente o compasiva, ingredientes básicos de la felicidad.

Como observaréis, el libro *Niños atentos y felices con mindfulness* está estructurado igual que el programa, en tres núcleos centrales: el desarrollo de la atención, la regulación de las emociones y el desarrollo de la autoestima, la autocompasión, la compasión, la gratitud y la felicidad.

Añado un capítulo dedicado a padres y profesores atentos con sugerencias para educar desde el punto de vista de la consciencia, y finalizo con un capítulo sobre la vida *mindful*, en el que ofrezco algunos consejos que nos ayudan a integrar el mindfulness en el día a día para vivirla vida en el presente, atentos a todo lo que pasa.

El libro cuenta con un apéndice en el que se pueden consultar imágenes de las posturas de yoga y acroyoga que se realizan en los talleres. Como veréis, la práctica del yoga contribuye de forma muy importante a alcanzar el objetivo de desarrollar la atención.

En el libro también encontraréis tablas de registro de las prácticas para que podáis establecer secuencias lógicas en cuanto al desarrollo de la atención, gestión de emociones y cultivo de la autocompasión y compasión.

Además, podréis leer historias, cuentos y ejemplos basados en mis experiencias, que ayudan a los niños, y a los padres y profesores, a comprender cada situación, así como sencillas meditaciones creadas por mí pensando en que los niños puedan comprenderlas y llevarlas a cabo.

Advertencia: este libro no sustituye la atención de un profesional, ni es un tratamiento para una patología psíquica o física.

CAPÍTULO 2

EL GRAN RETO: CÓMO DESARROLLAR LA ATENCIÓN EN LOS NIÑOS

La vida te dará la experiencia que sea más útil para la evolución de tu conciencia.

¿Cómo sabes que esta es la experiencia que necesitas?

Porque esta es la experiencia que estás teniendo en este momento.

ECKHART TOLLE,
El poder del ahora. Una guía para la iluminación espiritual

ATENCIÓN PLENA EN EL NIÑO

El niño nace con la capacidad innata de la atención plena. La atención plena es su estado natural, de hecho, el recién nacido vive en un estado de mindfulness y alegría constante. Se siente atraído por todo lo que le rodea, y está atento a todo, de esta forma su cerebro se va construyendo y madurando. Somos los adultos, con nuestra forma de vivir, quienes hacemos que los niños pierdan parte de esta capacidad de atención. Gracias a las prácticas de atención plena, los niños, y también los adultos, vuelven a centrarse en su naturaleza primigenia y no pierden o recuperan esta capacidad.

El niño va evolucionando mientras crece, y crea conexiones y estructuras cerebrales nuevas en función de las vivencias en las que se ve involucrado. La **neuroplasticidad cerebral** es la capacidad que tiene el cerebro de generar nuevas neuronas (neurona: célula del sistema nervioso) y nuevas vías y conexiones neuronales, en función de las experiencias y oportunidades de aprendizaje que se tengan, que determinan las respuestas y reacciones a esas experiencias, es decir, su comportamiento futuro.

Hace no muchos años se creía que una vez que la persona llegaba a la edad adulta, su cerebro estaba formado y no existía la posibilidad de generar cambios. Sin embargo, está sobradamente demostrado que, si aprovechamos las oportunidades de aprendizaje y de memorización, se favorece la formación de nuevas neuronas en el hipocampo, con una actividad superior a las ya existentes, que se integran en los circuitos neuronales y los modifican estructuralmente. Las antiguas neuronas se adaptan a las nuevas y mejoran su función.

Cuando los niños llegan a la edad escolar, suelen presentar mayor o menor grado de **dispersión de la atención**.

La cuestión es entender que el niño no es más feliz si hace miles de cosas o si tratamos de tenerlo siempre entretenido. Como vimos en el anterior capítulo, el modo de vida hacer-hacer origina mentes pensantes también en los niños, lo que dará lugar a una cotidianidad caracterizada por el estrés.

Nuestros niños hacen muchas cosas y siempre con objetivos: cuando estudian, estudian para aprobar el examen; cuando juegan al fútbol, juegan para meter goles; cuando leen libros, lo hacen para hacer trabajos, etcétera. Imponiendo este sistema contribuimos activamente a que pasen del momento presente al futuro, y les enseñamos a preocuparse antes de tiempo y a valorar tan solo lo externo, el premio, el fin, el objetivo, la calificación.

¿Y qué ocurre cuando no se llega a la meta? Porque no todos los niños tienen en su naturaleza el ser buenos estudiantes, ser hábiles en el deporte y además ser altos y guapos. ¿Qué pasa con la gran mayoría? Con este sistema de valores vamos sembrando en el niño autocrítica, falta de autoestima e inseguridad. Es imprescindible entender que cada uno tiene sus virtudes, sus dones, ¡y que no tenemos por qué ser buenos en todo! No somos perfectos, y podemos permitirnos fallar.

No se trata de criticar o juzgar lo que supone una parte importante de su desarrollo, pero ¿y si planteáramos las tareas simplemente por la satisfacción de realizarlas de una manera mucho más motivante y sin retos estresantes? Es decir, estudiar por el placer de aprender, jugar al fútbol por el placer de hacer deporte o leer por el placer de disfrutar de una historia.

El desarrollo de muchos niños se resiente por la insistencia en que se adecuen a unos objetivos académicos para los cuales su cerebro puede no haber madurado lo suficiente. Lo cierto es que en los últimos veinte años han aumentado las tasas de estrés y depresión infantil, y estos trastornos pueden originar bloqueos, frustración, ansiedad y alteraciones del comportamiento. Cualquier aprendizaje que lleva consigo la emoción del miedo y la ansiedad va a hacer que el cerebro asocie el hecho de aprender con el miedo. En consecuencia, las personas adultas no van a querer aprender nada nuevo, pues tienen grabada desde la infancia la mencionada asociación, y se convierten en adultos que toleran mal el cambio y tienen una peor calidad de vida.

Está demostrado que el aprendizaje en un entorno caracterizado por la alegría y la sorpresa genera una activación del tálamo, lo que hace que aumente la atención y la motivación. Sin atención, no hay aprendizaje, y sin motivación, el tiempo de trabajo y estudio es muy limitado.

A su vez, la sorpresa y la motivación producen placer y recompensa, lo cual hará que el cerebro del niño valore el aprendizaje de manera positiva y quiera repetir su proceso.

Desde los primeros años de vida, el niño toma conciencia de su propio cuerpo, su postura, su fuerza, y comienza a conocer sus límites corporales, cosa que lo sitúa constantemente en el aquí y ahora. Gracias a los estímulos simples que activen sus sentidos, como ver luces, oír los sonidos del ambiente, notar el contacto, recibir masajes, bailar o interactuar con los demás, los niños van desarrollando sanamente su cerebro. El entorno de la vida familiar normal proporciona el estímulo necesario para garantizar el desarrollo correcto. En la etapa que va desde el nacimiento hasta los tres años, los responsables de cultivar la atención en los niños son los padres y cuidadores.

Más adelante el pequeño comienza a hablar, a comunicarse y a socializar. Amplía sus sentimientos, su mundo emocional, su autoestima y su intuición.

El cultivo de experiencias que conlleven atención hará que el cerebro del niño responda de una determinada manera, concretamente viviendo la calma, la paz y el bienestar.

La llegada de la adolescencia produce una serie de cambios cerebrales, como el aumento de la mielina (sustancia blanca) en la corteza prefrontal y la activación de la amígdala, que contribuye a la maduración del cerebro. Estos hacen que el joven muestre los cambios de comportamiento típicos de la adolescencia, como el egoísmo y la reactividad poco racional con episodios de mal humor e irritabilidad.

La atención y las prácticas que favorecen la atención desempeñan un papel muy importante en el desarrollo cerebral del adolescente, pues las funciones ejecutivas, como la memoria, la toma de decisiones, el aprendizaje, la planificación y la reflexión, están relacionadas con el desarrollo de la corteza prefrontal. Esta zona del cerebro no termina de formarse hasta los veinte o los veinticinco años.

Es vital que los padres y los profesores cooperen para fortalecer el desarrollo de la atención plena en los adolescentes. A esta edad la atención plena les hará concentrarse mejor, aprender a relajarse, desarrollar la creatividad, la memoria, la imaginación, la autoestima sana, las capacidades sociales y la expresión, aprender a canalizar sus emociones y ser amables.

Una capacidad muy importante en el desarrollo del niño es la **creatividad**, sin embargo, cuando en nuestro presente y en nuestra mente domina el caos, la capacidad creativa del niño desaparece. Para el desarrollo de la creatividad es importante tener la mente calmada, tranquila, estar plenamente en el presente, no hacer nada. Entonces las ideas y soluciones brotarán como por arte de magia. Hay investigaciones que demuestran que los niños con poca imaginación y creatividad son más agresivos, pues no crean alternativas para solucionar los conflictos. En cambio, los niños más creativos son menos problemáticos y más capaces de aprender de su propia experiencia.

Esta capacidad adquirida en las etapas tempranas de la vida generará conexiones neuronales nuevas con la información de «capacidad creativa» guardada, que se mantendrán en la edad adulta.

Con la práctica del mindfulness, los niños no solo aprenden a disfrutar y vivenciar el presente, sino que también aprenden a **aceptar los hechos y episodios que no les gustan**. Al estar más atentos descubren que las tareas que menos les apetecen, por ejemplo las matemáticas, las ciencias, correr o poner la mesa, adquieren otro color, otro tono, el tono del interés y de la curiosidad, y pueden reevaluar lo que para ellos es aburrido o difícil, descubren cómo automotivarse y ver el lado positivo e interesante de todo. Entienden que las acciones de las que no disfrutan se pueden valorar de otra forma, experimentándolas de forma abierta y curiosa.

El niño y adolescente poco a poco se va dando cuenta de todo, aprende a percibir las cosas de diferentes maneras, a relacionarse con lo desconocido de forma diferente. Su capacidad de **percepción se fortalece** y comprende cada experiencia con una mente abierta. No todo es blanco o negro, existe una extensa gama de colores y posibilidades que además pueden coexistir. No apegarse a un solo punto de vista y tener la capacidad de ser flexible permite actuar ante múltiples opciones, lo que supone un gran avance en su desarrollo y estimula una inteligencia superior, mediante la cual se puedan buscar soluciones a los problemas fuera de lo conocido, saliendo de la zona de confort.

Esto es fácil de explicar con la siguiente imagen:

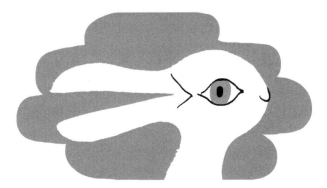

Suelo preguntar a los niños qué ven en la imagen. Algunos ven un pato, otros ven un conejo y otros ven los dos animales. Todos tienen razón y todas las percepciones son correctas aun siendo diferentes.

Realmente supone un gran alivio para los niños y adolescentes (y también para los adultos) comprender que no hay que llevar la razón siempre y que pueden existir diferentes puntos de vista.

Gracias a las herramientas que proporciona mindfulness, el niño se va a volver más atento y más creativo, y su capacidad de percepción se ampliará.

El proceso de cambio es el siguiente:

— Fase 1: el niño está disperso.
— Fase 2: el niño se da cuenta de que está disperso.
— Fase 3: el niño centra su atención.

— Fase 4: el niño mantiene la atención durante un periodo de tiempo (cuanto más dura la práctica mayor es el tiempo de atención).

Tras unas pocas semanas practicando mindfulness, el niño observa que tiene un «superpoder» que antes desconocía, el **poder de estar atento**, el poder de vivir presente, el poder de disfrutar del aquí y ahora, el poder de tranquilizarse, calmarse, desenfadarse y alegrarse cuando él lo decide. Realmente se trata de un gran poder, pues permite al niño decidir cómo quiere vivir su día a día: si feliz y en paz o enfadado y preocupado.

Con el desarrollo de la atención los niños aprenden a disfrutar y sentir ese momento, a vivir su presente. No hay pasado, no hay futuro. Solo aquí y ahora.

Los niños van descubriendo cómo ser felices. Aprenden a conocerse y disfrutan con lo que hacen, y los resultados en todos los ámbitos de su vida suelen ser mejores.

Supone un gran reto para mí explicar a los niños y adolescentes qué es el mindfulness. Hemos visto que *mindfulness* significa atención plena, pero ¿qué es esto?, y ¿cómo se lo explico a un niño para que lo entienda?

Antes de comenzar cualquier intervención o clase en la que se empleen herramientas de mindfulness, es muy importante que el niño entienda lo que va a hacer y los beneficios que le va a aportar. Además, es muy conveniente que padres y profesores experimenten las prácticas de mindfulness para poder transmitir directamente las vivencias y no tanto los conceptos.

LA ATENCIÓN PLENA CONTADA A LOS NIÑOS

Me gustaría explicar algunos puntos de cómo explico a los niños este concepto simple y complicado a la vez.

Atención es poner toda la atención de tu mente, o poner todos tus sentidos, en solo un aspecto de tu entorno sin tener en cuenta el resto.

Vivir con atención plena es tener la mente centrada en lo que pasa en el momento presente, es estar muy atento a tus pensamientos, a cómo te sientes y a todo lo que ocurre en tu vida diaria.

Hacer todas las actividades y tareas con mucha atención y concentración hace que te sientas bien, que te sientas calmado, que no te acuerdes de problemas del pasado, ni de miedos o preocupaciones por cosas del futuro, que aún no han llegado.

Y esto implica estar muy atento a todo, además de hacer las cosas despacio, o más bien sin prisas.

Vivir con atención plena proporciona calma, tranquilidad y felicidad.

Piensa despacio, con atención y en silencio, y anota las cosas que podrías hacer para vivir tranquilamente y sentirte feliz (ejercicio que suelen hacer a continuación).

¿POR QUÉ ENTRENAR LA ATENCIÓN?

La atención es como un músculo. Los músculos, si los entrenas, se hacen grandes y fuertes. Con la atención pasa lo mismo: también se desarrolla si practicas el mindfulness o meditas.

¡Te voy a enseñar a meditar! Meditar es aprender a mirar dentro de ti, es como volver a casa, donde te sientes seguro y estás contento. Una vez que aprendes a abrir la puerta, tú mismo decides cuándo quieres entrar. En cuanto entras, comienzas a notar tranquilidad, paz y una mayor atención y concentración. ¡Aprendes a meditar para conseguir estar atento!

Tienes que practicar la meditación un rato cada día, si no hay práctica, no hay cambios ni beneficios

MEDITAR PARA DESARROLLAR LA ATENCIÓN Y LA CONCENTRACIÓN GENERA NUMEROSOS E IMPORTANTES BENEFICIOS

- A partir de hoy vas a aprender a hacer las cosas muy despacito, para darte cuenta de todo. Estar pendiente de cómo te sientes y de lo que piensas hará que disfrutes mucho cada momento, hará que te sientas feliz.
- La atención y la concentración hará que mejores en los estudios, los juegos, el comportamiento.
- La atención va a hacer que los niños que sois más movidos o inquietos os sintáis más relajados y seguros.
- Las emociones más difíciles, como los nervios, el miedo, el enfado o la tristeza, pueden durar dentro de tu cabeza mucho menos de lo que normalmente duran.

Imagínatelas como nubes o nubarrones que pasan por tu mente y se van.
- Al darte cuenta de tus emociones puedes suavizar los impulsos iniciales, que te hacen gritar o patalear, y responder de forma más calmada y amable.
- El hecho de aprender a vivir con atención te enseña a interiorizar, es decir, a entrar en tu casa cada vez que quieras o lo necesites, lo que te dará un mayor conocimiento de ti mismo.

Por todo esto, te vas a querer más, y también te vas a tratar mejor.

Pero ¿esto qué significa? Significa que los pensamientos sobre ti como: «No valgo para el deporte o para las matemáticas», o «No soy tan alto como fulanito», o «María tiene dos hermanos y yo ninguno», que son un tipo de pensamientos a los que llamamos juicios o autocríticas, comienzan a desaparecer y los vas cambiando por pensamientos del estilo de «Jugando al baloncesto no soy demasiado bueno, pero corro muy deprisa», o «Soy lo suficientemente alta para hacer el deporte que me gusta y además se me da bien estudiar», o «Soy hija única y tengo unos primos maravillosos».

De igual forma vas a querer más y tratar mejor a tus padres, familiares, amigos y conocidos. Poco a poco serás más feliz, sabrás disfrutar del presente y estarás más satisfecho en tu vida, en tu familia, en la naturaleza y en el mundo que te rodea.

Te sentirás muy agradecido por la vida que tienes.

¿QUÉ ES LA CONCENTRACIÓN?

La **concentración** es la capacidad que tenemos los seres humanos para fijar el pensamiento en algo y mantener la atención de la mente en un objetivo, objeto o actividad, en un periodo de tiempo y sin distracciones.

Cuanta mayor capacidad de concentración tengamos, más largo será el tiempo que podremos pasar realizando una sola tarea.

Concentración no es atención.

La concentración es el paso previo imprescindible para practicar la atención plena o el mindfulness. Si no conseguimos concentrarnos y aquietar nuestra mente, no llegamos a meditar ni a interiorizar correctamente.

Normalmente nuestra mente, y en algunas situaciones también la de los niños, se encuentran muy dispersas, con pensamientos que saltan de un tema a otro. Con una mente dispersa, los niños y adolescentes no logran concentrarse y todo les resulta más difícil. En cambio, una mente entrenada mediante meditaciones es una mente que puede mantenerse en un objetivo y no cede a las distracciones.

Los niños van notando que poco a poco pueden estar más tiempo desarrollando tareas de forma tranquila.

EL MINDFULNESS Y EL NIÑO CON TDAH

El TDAH es uno de los trastornos más importantes dentro del campo de la psicopatología infantil por su gran incidencia. Tiene un efecto negativo en los niños que lo padecen, quienes sufren graves consecuencias en los ámbitos social, escolar y familiar.

Este trastorno afecta al 5 % de los niños en edad escolar, y a menudo persevera en la adolescencia y en la edad adulta.[1]

Se manifiesta de tres formas fundamentales, las cuales permiten diagnosticarlo:

1) Falta de atención: Dificultad para mantener la atención en situaciones tanto lúdicas como académicas. El niño pierde a menudo objetos necesarios para sus quehaceres, y evita trabajos que exijan esfuerzo mental.

2) Conducta impulsiva: Carencia de inhibición o control de los impulsos. El niño responde antes de que su interlocutor

haya terminado la pregunta, o interrumpe constantemente.

3) Comportamientos motores o vocales excesivos e inoportunos.

Cuando el niño presenta estas tres clases de conducta, y alguna de ellas se ha iniciado antes de los siete años, debe ser examinado por un profesional que pueda diagnosticar un posible TDAH.

Dependiendo de si hay más problemas significativos de falta de atención, se diagnostica TDAH con predominio de déficit de atención. Si el pequeño solo tiene problemas de hiperactividad o impulsividad, se diagnostica TDAH con predominio hiperactivo/impulsivo. Y si los problemas son ambos, el diagnóstico es TDAH de tipo combinado. Los niños y adolescentes con TDAH a menudo presentan también otros trastornos, como el trastorno negativista desafiante, la depresión o la ansiedad, lo cual repercute de forma negativa en su evolución a corto y largo plazo.

Como resultado, empeoran las notas y el rendimiento académico, y las relaciones familiares y sociales se resienten. Los desafíos constantes que los niños plantean a los padres hacen que se reduzca la capacidad de poner límites y que se empleen modelos de disciplina ineficaces.

El TDAH, en entre el 50 y el 70 % de los casos diagnosticados, desaparece en la pubertad. Sin embargo, el adulto con este trastorno continúa con la sensación de inquietud, intranquilidad, poca organización, problemas de memoria, rendimiento bajo en el trabajo, conflictos en sus relaciones de pareja, alteraciones en la conducta, comportamientos antisociales o adicciones.

El procedimiento habitual es la psicoterapia (tratamientos psicosociales) y el tratamiento farmacológico. El tratamiento farmacológico es el que cuenta con mayor apoyo en los casos de TDAH severo, aunque no todas las personas responden de igual manera en cuanto a la reducción de los síntomas y de las dificultades. Además, hay efectos secundarios como dolor de cabeza o de abdomen, pérdida de apetito y ansiedad, por lo que la adherencia al tratamiento es baja.

En general, se recomienda que el tratamiento farmacológico forme parte de un programa de intervención psicosocial. Las intervenciones psicosociales llevadas a cabo por psicólogos suelen basarse en técnicas de modificación de la conducta, técnicas de autorregulación, entrenamiento neurocognitivo, entrenamiento en habilidades sociales y técnicas de entrenamiento parental. El entrenamiento parental se asocia con el entrenamiento de los profesores para que puedan manejar estas conductas dentro de las aulas.

En este punto podemos plantear que las **intervenciones basadas en el mindfulness llegan a ser eficaces en niños y adolescentes con TDAH**, pues el mindfulness ha demostrado ser efectivo en la regulación de la atención y el rendimiento en tareas de funcionamiento ejecutivo, así como en la regulación de las emociones.[2]

Además, las intervenciones basadas en el mindfulness ayudarían a **reducir el estrés en padres y cuidadores**, los cuales mejorarían la escucha y la atención.

El programa MYmind es una intervención dirigida a niños con TDAH y a sus padres. La desarrolló Susan Bögels[3] en Holanda, y se han demostrado resultados prometedores tanto en los niños como en los padres.

Este programa consta de ocho sesiones semanales de una hora y media. Las sesiones se desarrollan en paralelo con los niños y con los padres, y solo en la última sesión adicional se mezclan los padres y sus hijos. Se realizan en grupos, formados por de cuatro a seis niños, cuando tienen entre nueve y doce años, y de seis a ocho niños de entre trece y dieciocho años.

Se practica la meditación, con sesiones guiadas grabadas en un CD para realizarlas en familia. Los padres van alargando las meditaciones según va avanzando el programa. Los niños realizan meditaciones adecuadas y apropiadas para ellos con la ayuda de los padres, así como ejercicios de yoga que aprenden en las sesiones.

Se les facilita tanto a los padres como a los hijos unas hojas de registro donde se van anotando las prácticas realizadas en casa.

Los resultados de la puesta en marcha del programa MYmind mostraron una mejora de los síntomas del TDAH, del mantenimiento de la atención, del conocimiento del cuerpo y del autocontrol. También hubo mejoría en la calidad del sueño.

Respecto a los padres, se redujo el estrés y la reactividad con los hijos.

Aunque siguen pendientes algunas investigaciones para determinar su eficacia de forma más completa, podemos decir que las intervenciones basadas en el mindfulness en niños y adolescentes con TDAH son posibles, adecuadas y motivantes.

EL JUEGO ES LA HERRAMIENTA MÁS ÚTIL EN LOS MÁS PEQUEÑOS PARA DESARROLLAR LA ATENCIÓN

Sin duda todos hemos participado durante la infancia en sencillos juegos que en ocasiones proponían los profesores y a veces surgían espontáneamente en los grupos de amigos. Juegos como el del teléfono estropeado, en el que había que escuchar atentamente un mensaje en una cadena de comunicación, otros en los que se memorizaban determinados objetos para luego describirlos o se decían nombres de ciudades que empezaran con cada una de las letras del abecedario, el veo-veo, el «ni sí, ni no, ni bien, ni mal» y un largo etcétera. El objetivo del adulto o profesor que proponía estos juegos era clarísimamente el desarrollo de la atención y la concentración.

Recientemente se puso en contacto conmigo Ana, una de mis mejores amigas de la infancia, para invitarme a asistir a un taller de juegos en familia llamado Boti-KIT.[4] De inmediato pensé qué casualidad, y qué bien me viene precisamente ahora que estoy en plena preparación del libro.

Tuve la oportunidad de presenciar cómo los niños creaban e inventaban juegos a partir de elementos simples, sencillos y caseros. La creatividad y la atención estuvieron presentes en el grupo de niños de cuatro a ocho años durante la hora y media que duró el taller.

Explico uno de los juegos que me cautivó por su sencillez y eficacia, y que enseño a los padres para que puedan ponerlo en práctica con sus hijos.

Materiales: pinzas de tender, pajitas, hojas, botones, borlas, calcetines, tijeras, pegamento, rotuladores, cualquier objeto casero destinado a desaparecer.

El planteamiento que se le hace al niño es muy simple; se le dice: «Aquí tienes todos estos objetos, que son tesoros. Invéntate un juego, un artefacto, un decorado..., cualquier cosa que te imagines, y luego me cuentas qué es y para qué lo has hecho».

Los niños de edades comprendidas entre los tres y los ocho años responden muy bien al planteamiento de las sesiones de mindfulness con el mayor número de juegos posible. Si bien es cierto que a los más mayores se les puede llevar a la práctica de meditación directamente, a los peques se les introduce en estas prácticas jugando.

La sugerencia que les hago a los padres una vez que el niño finaliza el programa de mindfulness, además de continuar con las sesiones de yoga y meditación, es que recuperen los juegos de toda la vida en familia.

¡La creatividad y la atención aumentan gracias al juego!

PRÁCTICAS PARA DESARROLLAR LA ATENCIÓN Y LA CONCENTRACIÓN

YOGA CON NIÑOS

Soy una amante del yoga desde hace muchos años. Es increíble el bienestar que siento después de cada clase. No he podido dejar de practicarlo casi desde la primera clase, hace ya quince años. Para mí supuso una verdadera terapia para superar el estrés laboral. Tanto me fascinó que decidí formarme profesionalmente en este campo. Y lo hice con dos grandes del mundo del yoga: Violeta Arribas, profesora de Hatha yoga, y Cayetana Ródenas, profesora de yoga para niños. Ambas son excelentes maestras que transmiten toda su pasión, amor y generosidad en cada clase.

Comencé el curso de yoga para niños con una gran motivación, pues acabábamos de adoptar a nuestra hija Julia, y pretendía encontrar un punto de unión con ella que nos ofreciera complicidad y diversión, aparte de transmitirle todos los beneficios del yoga y la meditación.

Con los niños el yoga se practica mediante el juego. Combina flexibilidad y fuerza, y les exige fijar la atención en las posturas y la respiración armonizando y equilibrando todo el sistema nervioso, así **el niño recupera su estado de equilibrio y autonomía naturales**. Tanto a corto como a largo plazo, les ayuda a **reducir los síntomas físicos y psicológicos asociados al estrés**.

Asimismo, la práctica de yoga refuerza de forma muy importante el desarrollo de la concentración y atención.

» ACROYOGA Y EQUILIBRIO

Hago una mención especial a las asanas de acroyoga, el yoga en equilibrio, las favoritas de niños y adolescentes.

Desde las primeras clases con mi hija Julia pude comprobar que este tipo de posturas de yoga y equilibrio le gustaban, divertían y llamaban especialmente la atención. Decidí adentrarme en ese camino, pues conseguía practicar con ella durante casi cuarenta minutos sin que me dijera: «Mamá, me aburro». Así que empecé a investigar en esa dirección, y a llevar el acroyoga a las clases y talleres con los niños, por el entusiasmo con que aceptaban estas posturas y por el impacto tan positivo que tienen en la neuroplasticidad cerebral de los niños y adolescentes.

Harriet Griffey menciona en su libro *Concéntrate* los efectos del equilibrio en los niños y adolescentes. Destaca la importancia de la práctica deportiva para el desarrollo cerebral, pues hace que se generen nuevas neuronas y se liberen neurotransmisores que motivan la relajación y la concentración.

Dice además que las posturas de equilibrio, como la del árbol (permanecer de pie sobre una sola pierna), parecen estar íntimamente relacionadas con la capacidad de leer.[5]

Después de profundizar en este tema, vi la conveniencia de comenzar mis sesiones de mindfulness para niños con prácticas de yoga y acroyoga. El trabajo físico y la relajación y la concentración que generan los ejercicios de equilibrio que se hacen en la práctica de yoga derivan en una mejor capacidad de meditación.

El yoga de equilibrio les ayuda de una forma magnífica a alcanzar el objetivo básico del mindfulness: el desarrollo de la atención.

En el Apéndice 1 podéis consultar las posturas o asanas que practicamos y una explicación simple de cómo llegar a cada una de ellas sin peligro alguno. En la web **www.micursomindfulness.com**, en la sección «Niños atentos y felices con mindfulness», encontraréis material de apoyo, como vídeos con las clases de mindfulness y yoga para niños, además de los audios con las meditaciones. Podéis acceder también a través de este **código QR**.

» RESPIRACIÓN

> Y entonces el señor Dios formó al hombre del polvo de la tierra y sopló en su nariz aliento de vida, y fue el hombre un ser viviente.
>
> Génesis, 2:7

El pilar inicial del mindfulness es la observación de la respiración. Más bien se trata de **observar las sensaciones físicas que sentimos cuando respiramos**. Este acto sencillo, que nos acompaña toda nuestra vida, nos puede ayudar, siempre que queramos, a trasladarnos al momento presente.

El concepto de observación de la respiración en mindfulness no equivale exactamente al concepto de respiración o *pranayama* en yoga. *Pranayama* significa «control de la energía».

Cada pensamiento, cada emoción y cada acción influyen en la respiración. El estrés provoca que la respiración se acelere, y una situación de sorpresa nos hace tomar aire profundamente para llenar el cerebro de oxígeno y que podamos pensar con rapidez. Los niños comprenden la conexión entre el cuerpo, la respiración y la mente de forma instintiva.

Realizar respiraciones profundas y dirigidas al abdomen es muy importante para mantener el equilibrio tanto físico como mental y espiritual. Todos hemos sentido alguna vez que una respiración profunda nos transporta a la calma, pues durante la espiración lenta, suave y completa se activa el sistema nervioso parasimpático, y se liberan en el cuerpo y el cerebro neurotransmisores que nos aportan calma, relajación y bienestar.[6]

Al iniciar cualquier meditación, o antes de la práctica de las posturas o asanas de yoga, los niños realizan unas cuantas series de respiraciones abdominales, normalmente entre 5 y 10, pues eso les ayuda a concentrarse y calmarse. Ambas cosas son clave para iniciar las meditaciones y obtener todos los beneficios.

La respiración abdominal debe ser larga y suave tanto en la inspiración como en la espiración, y dirigida hacia el abdomen. Es muy sencilla: para comprobar si lo hacen bien, los más pequeños se colocan encima del vientre un peluche u otro objeto, y los más mayores, la mano. En la inspiración han de dirigir el aire hacia el abdomen y observar como las manos o el peluche suben. En la espiración, que ha de ser suave, lenta y larga, las manos o el peluche bajan.

MEDITACIONES PARA DESARROLLAR LA ATENCIÓN EN NIÑOS Y ADOLESCENTES

Las meditaciones constituyen la práctica formal del mindfulness. Se realizan una serie de ejercicios mediante los cuales dirigimos nuestra atención conscientemente donde queremos y durante un tiempo determinado. Así entrenamos nuestro cerebro para conseguir estar más atentos.

En todos los talleres y cursos de mindfulness para niños que he realizado me ha resultado muy útil disponer de un verdadero arsenal de meditaciones. La razón es bien sencilla: los niños por lo general no pueden mantener por mucho tiempo un objeto de meditación. Los de cinco a ocho años aguantan entre dos y tres minutos por meditación, de modo que resulta muy práctico ir cambiando de técnica para mantenerlos concentrados durante veinte o treinta minutos. Los más mayores, los de nueve a catorce años, pueden sostener la concentración entre cuatro y ocho minutos, dependiendo de las prácticas. Pasado este tiempo necesitan cambiar de meditación, e incluso, si se encuentran muy activos, se puede intercalar movimiento.

Los adultos suelen necesitar más tiempo de práctica, pues acostumbran a estar muy perdidos en la mente y los pensamientos, y los primeros diez minutos los emplean en enfocar la mente. A partir de entonces la concentración mejora.

Las meditaciones que vais a leer están centradas en la observación y desarrollo de los cinco sentidos. El mindfulness nos abre de nuevo la puerta de los sentidos.

Para los niños es fácil, pues están mucho más en el presente que los adultos. Meditando aprenden a pasar del pensamiento repetitivo, estresante y centrado en miedos y enfados a viajar al cuerpo. Es sencillo y útil, y solo así la mente se relaja y descansa.

El niño entiende sin dificultad que cuando se encuentra triste o enfadado, nervioso o miedoso dispone de recursos. A estos recursos, que se encuentran en el cuerpo, los llamamos **anclas**. Las anclas son diferentes lugares del cuerpo en los cuales nos resulta más fácil centrar la atención. La razón es que poseemos más terminaciones nerviosas en determinadas zonas corporales y las podemos sentir más. El hecho de ir a tu anclaje es más que buscar sensaciones corporales potentes, como pueden ser las sensaciones físicas en la punta de la nariz cuando inspiras o espiras, en las palmas de las manos, en los pies, en las caderas en contacto con el cojín o zafú de meditación; o detectar sonidos, aromas y sabores, el contacto de los pies con el suelo al caminar o al correr, etcétera.

Estas sensaciones o corporalidades están siempre con nosotros, y aprendiendo a sentirlas aprendemos a escuchar nuestro cuerpo. El mindfulness nos conduce a hacernos amigos de nuestro cuerpo.

La **meditación es la base del desarrollo de la atención, del sentirse, el estar presente y el vivir el ahora.**

» MEDITACIONES

Puedes encontrar los audios de estas meditaciones accediendo a www.micursomind fulness.com o a través de este código QR.

_**Meditación 1: El viaje más apasionante: de camino a tu corazón (audio 1)**
(Esta meditación también la puedes hacer tumbado.)

Siéntate cómodamente en el cojín, zafú o silla. Coloca la espalda recta, sin dolor ni tensión.

Pon las manos en el abdomen (o tripita) y siente como suben y como bajan. Nota que poco a poco vas calmándote, relajándote…

Vamos a hacer un viaje, un viaje apasionante y divertido que conseguirá que te sientas bien y feliz: nos vamos al corazón.

Imagínate que estás navegando por tus venas y llegas a tu casa, una casa que tiene forma de corazón, es decir, llegas a tu corazón.

Aquí, en tu corazón, puedes ser como tu realmente eres, no tienes que disimular nada ni fingir que eres el más listo o el más rápido. Tu corazón es tu casa, que te guarda y te cuida, así que vamos a decorarla.

¿Qué tiene tu casa ideal o preferida? (Dejamos que el niño responda.)

¿Tienes chimenea?

¿Tienes una cama grande?

¿Hay peluches?

¿Hay una alfombra peluda? ¿De qué color?

¿Hay chocolate?

Ahora que ya estás en tu casa favorita y eres muy feliz, pon las manos en tu corazón, y quédate el tiempo que quieras disfrutando esta sensación.

_Meditación 2: Siente tu respiración con piedrecitas (audio 2)

<u>Materiales:</u> puede ser muy útil proporcionarles a los más pequeños de 10 a 15 piedrecitas, metidas en una bolsa bonita. Al comenzar el ejercicio se ponen las piedrecitas en la palma de una mano.

Siéntate cómodamente en un cojín de meditación o zafú, o en una silla.

Siente tus caderas, nota tus isquiones* sobre el cojín, y pon recta la espalda sin que te duela o sientas demasiada tensión.

Si notas tensión en alguna zona de tu cuerpo, concéntrate en esa zona y trata de relajarla.

En la próxima inspiración (cuando el aire entre en tu nariz), coge una piedrecita, y cuando espires (cuando el aire salga por tu nariz, procurando que salga todo), deja la piedrecita en el suelo. Vuelve a inspirar y a tomar una piedra, y déjala en el suelo cuando saques todo el aire por la nariz.

Haz lo mismo con todas las piedras. Puedes repetirlo tantas veces como quieras.

Si se trata de niños más mayores, se puede prescindir de las piedrecitas y decirles simplemente que sientan las sensaciones en los orificios nasales cuando el aire entra y cuando

---

* Isquiones: huesos que forman la parte inferior de la cadera. Unen el ilion con el pubis, y se notan cuando nos sentamos. Tenemos dos, el izquierdo y el derecho.

el aire sale. Y que busquen sensaciones, por ejemplo, cosquilleo, en el triángulo formado por la nariz y el labio superior, quizá cuando entra el aire por la nariz, o cuando el aire roza el labio al salir.

En esta meditación, en el momento en que detecto que se aburren y comienzan a distraerse, les digo que se concentren en otra sensación física de su cuerpo, como puede ser sentir calor o cosquilleo en las manos, en los pies, en las caderas… Estas sensaciones físicas son muy potentes, y gracias a que puedan reconocerlas en diferentes zonas de su cuerpo prolongo el estado de atención y concentración.

Adaptación ancla (audio 3)

Ahora vas a localizar tu ancla en el cuerpo.

Siente tus manos, trata de buscar sensaciones como notar calor o cosquilleo.

Ahora siente tus pies, y busca de nuevo sensaciones.

Ahora siente tus caderas, y busca sensaciones…

Concéntrate en la zona que mejor sientas: la nariz, las manos, los pies, las caderas, e identifícala como tu ancla para volver a ella siempre que lo necesites.

_Meditación 3: Escuchar el infinito

Materiales: a los niños les encanta el sonido del cuenco tibetano (o gong), un sonido realmente mágico. Se quedan absortos, muy atentos y concentrados. La vibración, que se puede notar en el cuerpo, ¡es sanadora!

Opción 1

Los niños pueden estar tumbados o sentados.

Siente todo tu cuerpo como si fuera un bloque muy pesado que se hunde en el suelo.

En la siguiente inspiración (cuando entra el aire en la nariz), ponte las manos en el abdomen o la tripita y observa cómo suben, y cómo bajan después cuando espiras.

Nota como te vas calmando, como te vas relajando.

Ahora concéntrate en lo que vas a oír, en la vibración que llega a tus oídos, y trata de escuchar hasta que el sonido desaparezca.

Repetir el toque del cuenco entre 3 y 5 veces. Si el cuenco es de cuarzo, la vibración puede durar 1 o 2 minutos.

Opción 2

Los niños están de pie.

Cuando comiences a oír el sonido del gong, empieza a andar y no pares hasta que no haya desaparecido totalmente la vibración del sonido del gong. Una vez ya no oigas nada, quédate quieto, inmóvil, en tu postura de yoga favorita.

Repetir el toque del gong de 3 a 5 veces. Los niños pueden ir cambiando las posturas de yoga y el sentido de la marcha en cada toque.

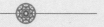

_Meditación 4: En el bosque con los pájaros

Los niños pueden estar tumbados o sentados. Esta meditación es imprescindible hacerla en un parque o un jardín, o en el campo.

Siente todo tu cuerpo como si fuera un bloque muy pesado que se hunde en el suelo.

En la siguiente inspiración (cuando entra el aire en la nariz), ponte las manos en el abdomen o la tripita y observa cómo suben, y cómo bajan después cuando espiras.

Nota como te vas calmando, como te vas relajando.

Ahora concéntrate en el canto de los pájaros, observa si el sonido es más grave, o más agudo, más fuerte o más débil. Observa si el sonido te llega por delante o por detrás de ti, o si te llega por los lados. Observa si lo que estás escuchando te queda cerca o lejos.

Disfruta de estos momentos con sonido, y también de los momentos de silencio.

_Meditación 5: ¿A qué huele? «Un trozo de campo de lavanda»

Materiales: cualquier aceite natural de flores, frutas o plantas, por ejemplo, de lavanda, limón, mandarina, romero, jazmín, rosa…

Los niños pueden estar tumbados o sentados. Quien dirige la meditación se echa unas gotas de aceite en la palma de las manos y se las frota.

Me gusta trabajar con el sentido del olfato después de la exploración corporal que explico en el siguiente apartado. Los niños agradecen, al terminar la exploración, activarse con olores agradables.

También suelo intercalar esta práctica entre meditación y meditación, cuando los niños están sentados.

Sin que abras los ojos, me voy a acercar a ti. Tienes que ir concentrándote en tu olfato, y como si fueras un perrito oler el aroma que despiden mis manos.

Si adivinas de qué es el aroma, mantenlo en secreto hasta que te diga que puedes abrir los ojos.

_Meditación 6: ¿Cómo comemos? Saborear el chocolate (audio 4)

Materiales: un trocito de chocolate por niño, o una pasa, o una fresa… A menudo utilizo chocolates con distintos sabores, por ejemplo, con sésamo, limón, naranja o sal, pues agudizan más el sentido del gusto.

Los niños están sentados, para que no se atraganten.

Opción 1

Sin que abras los ojos, me voy a acercar a ti, y voy a introducirte en la boca un trozo de comida. Antes de que empieces a masticar, saboréala como si fuera un caramelo. Puedes dejar la comida en la punta de la lengua, o llevarla de un lado a otro muy despacito.

Concéntrate en lo que es, en los sabores que detectas. Hay un componente especial, ¿sabes qué es?

Opción 2

Sin que abras los ojos me voy a acercar a ti, y voy a dejarte en la mano un trozo de comida. Antes de llevártela a la boca, tócala suavemente y observa qué sientes en los dedos al tocarla. Luego acércatela a la nariz y comprueba si notas algún olor reconocible.

Ahora póntela en la boca y, antes de empezar a masticar, saboréala como si fuera un caramelo. Puedes dejar la comida en la punta de la lengua, o llevarla de un lado a otro muy despacito.

Concéntrate en lo que es, en los sabores que detectas.

Ahora si lo deseas puedes terminar de comerte este trozo de chocolate.

En esta meditación les hablo de la importancia de comer despacio, saboreando y masticando bien, prestando mucha atención a los aromas y sabores de cada alimento que comen.

Comer despacio es muy importante para aprovechar todos los nutrientes de los alimentos, y para evitar un problema cada vez más frecuente en niños y adultos: la ansiedad al comer.

_Meditación 7: ¿Adivinas qué es este objeto? ¿Qué sientes?

<u>Materiales:</u> cualquier objeto simple que se pueda sentir en la piel: un papel, un bolígrafo, una pluma, un trozo de tela, piedrecitas, algo metálico…

Para esta meditación se sentarán por parejas. Mientras que uno cierra los ojos, el otro niño le roza la parte interna del antebrazo con el objeto que haya elegido.

El niño tiene que adivinar de qué objeto se trata, concentrándose en las sensaciones que nota en el brazo.

Los niños se van intercambiando los papeles.

_Meditación 8: Sentir tu calor

Los niños están sentados por parejas, uno frente al otro. Ambos miembros de cada pareja se frotan las manos. A continuación, uno extiende las manos con las palmas hacia arriba y el otro, con las palmas hacia abajo, de manera que queden enfrentadas palma con palma, pero sin llegar a tocarse.

Todos cierran los ojos, y simplemente han de sentir el calor, la vibración y cualquier sensación que generen las manos del compañero.

_Meditación 9: Colorea tu mandala favorito

<u>Materiales:</u> mandalas en blanco, con un grado de dificultad apropiado para la edad del niño (se pueden encontrar en internet); pinturas, lápices de colores, rotuladores, ceras…

Los mandalas son figuras geométricas, generalmente circulares. *Mandala* en sánscrito (lengua antigua de la India) quiere decir «círculo con significado simbólico», y representa la totalidad y la vida.

Los círculos nos acompañan y forman parte de nosotros y nuestro universo. Podemos encontrar mandalas en todo lo que nos rodea: en las flores, las frutas o las conchas, y es muy divertido buscar mandalas en casa, el campo o la playa, y observarlos.

El acto de colorear un mandala ayuda a centrar y enfocar la mente.

Los niños también pueden crear su propio mandala. Un papel blanco, pinturas e imaginación serían los ingredientes necesarios.

_Meditación 10: La pausa de 3 minutos (audio 5)

Esta práctica es verdaderamente útil en situaciones de estrés en el día a día. En clase, los niños identifican estas situaciones, que normalmente están relacionadas con exámenes, alguna prueba de educación física, enfados… Una vez han identificado la situación, practicamos «La pausa de 3 minutos»:

Imagina que te encuentras en una situación que te produce enfado, nervios, tristeza o miedo, y necesitas resolverla en 3 minutos.

Primero has de parar para observar tus pensamientos, para darte cuenta de cuáles son los pensamientos que hacen que te sientas mal.

Respira profundamente un par de veces, con espiraciones largas.

Observa si hay alguna zona de tu cuerpo más tensa, con dolor, palpitaciones, calor… Significa que la emoción se manifiesta allí, y tienes que observar esta zona durante unos minutos.

Puedes acudir a tu ancla, si quieres o si te resulta más fácil. Experimenta todas las sensaciones en tu ancla.

_Meditación 11: **No hacer nada**

El concepto oriental de «no hacer», de «inacción» o de «no actuar», tan mal interpretado en occidente, es muy importante para el desarrollo y la evolución personal.

La llegada de esta inactividad, de este estado de no hacer, se produce cuando estamos muy relajados, cuando nos abandonamos y nos dejamos fluir tal como la vida requiere en ese momento.

La meditación que uso para explicar este concepto a los niños es la siguiente.

Imagínate que eres una flor, piensa en una flor que te guste y métete dentro de ella.
Eres la flor que está floreciendo en estos días.
Cuando miras una flor en estado de floración aparentemente no hace nada. Y tú no haces nada.
Sin embargo, la flor lo está haciendo todo, poco a poco se abre y florece.
Sigue inmóvil dentro de tu flor y siente que tu flor se está abriendo, pero sin hacer nada.
Siente que no haces nada y que a la vez lo haces todo.

EXPLORACIÓN CORPORAL PARA NIÑOS

A los niños les encanta la exploración corporal. Yo suelo plantear esta práctica en la última parte de la clase. Es como dejar lo mejor para el final. Al terminar se quedan relajados, tranquilos y contentos.

Se trata de una mezcla de ejercicios de relajación de yoga y elementos que también potencian el desarrollo de la atención, cuyo objetivo es que los niños experimenten las sensaciones corporales en cada zona de su cuerpo con curiosidad y apertura, en todo momento. Si aparecen pensamientos o alguna emoción, los dejan ir a un segundo plano.

A veces los niños se duermen. No es lo deseado, pues pierden la atención, pero yo les digo: «Si te duermes es porque lo necesitas». Todo está bien.

La práctica diaria de la exploración corporal produce beneficios muy importantes, como una **relajación neuromuscular muy profunda**, y es una **forma excelente de trabajar la atención**. Se puede realizar en casa, por la tarde o antes de acostarse.

La planteo de dos formas:

Contrae-relaja: es apta para los más pequeños, aunque también para los mayores.

Sensaciones corporales: es adecuada para niños a partir de doce o trece años, pues exige mayor atención.

_Exploración corporal 1: Contrae-relaja (audio 6)

<u>Materiales:</u> esterillas de yoga para tumbarse y mantas para taparse.

Para iniciar esta práctica túmbate en la esterilla boca arriba, con los brazos estirados al lado del cuerpo, las palmas de las manos hacia arriba y las piernas ligeramente abiertas.

Respira profundamente 2 veces.

– *Céntrate en tus pies, contráelos, aprieta un poquito más, y ahora relájalos. Observa las sensaciones que notas en los pies.*
– *Céntrate en tus piernas, contráelas fuerte, aprieta un poquito más, y ahora relájalas. Observa las sensaciones que notas en las piernas.*
– *Céntrate en tus caderas y en tu tripita, contrae esta zona, si quieres levanta las caderas del suelo, aprieta un poquito más, y ahora relájala. Observa las sensaciones que notas en las nalgas, las caderas, la tripita.*
– *Céntrate en el pecho, los hombros y la espalda, contráelos, aprieta un poquito más, y ahora relájalos. Observa las sensaciones que notas en esta zona de tu cuerpo.*
– *Céntrate en tus brazos y tus manos, contráelos, puedes levantar un poco los brazos, y ahora relájalos. Observa las sensaciones que notas en los brazos y las manos.*
– *Céntrate en tu cabeza y tu cara, y aprieta tu cara fuerte como si fueras un ancianito, y*

ahora relájala, y siente que está pasando en tu cara.
– *Disfruta unos minutos de estas sensaciones en todo tu cuerpo.*

_Exploración corporal 2: Sensaciones corporales (audio 7)

<u>Tiempo mínimo de ejecución:</u> 20 minutos
<u>Materiales:</u> esterillas de yoga para tumbarse y mantas para taparse.

Para iniciar esta práctica túmbate en la esterilla boca arriba, con los brazos estirados a los lados del cuerpo, las palmas de las manos hacia arriba y las piernas ligeramente abiertas. Puedes colocarte una manta debajo de las rodillas si te molesta la espalda y taparte, pues con esta práctica baja la temperatura del cuerpo.

Inspira lentamente y dirige el aire hacia el abdomen. Espira suave y lentamente y siente la sensación de relax cada vez que espiras. Lleva tu atención a las zonas del cuerpo que voy a ir nombrando, busca sensaciones corporales en cada zona, y si no sientes o no encuentras nada, está bien también.

Si durante esta práctica te vienen pensamientos o emociones, conviene que los apartes a un segundo plano y vuelvas a centrarte en la zona del cuerpo que haya nombrado.

Recuerda que esta práctica te producirá una

gran relajación, y te ayudará a desarrollar la atención y la concentración.

Dirige la atención hacia las sensaciones del pie izquierdo, el peso del pie, las sensaciones de la planta del pie, el empeine , el dedo gordo, el segundo dedo, el tercer dedo, el cuarto dedo, el dedo pequeño, el tobillo…

Permite que la atención se dirija hacia la pantorrilla, a la zona que está en contacto con el suelo, luego a la rodilla. Nota el peso de esa parte de tu cuerpo.

Lleva tu atención hacia las sensaciones del muslo izquierdo.

Dirige la atención hacia las sensaciones del pie derecho, el peso del pie, las sensaciones de la planta del pie, el empeine, el dedo gordo, el segundo dedo, el tercer dedo, el cuarto dedo y el dedo pequeño, y después el tobillo.

Permite que la atención se dirija hacia la pantorrilla, la rodilla; nota el peso de esa parte de tu cuerpo.

Ahora la atención se dirige hacia las sensaciones del muslo.

Empieza a llevar toda tu atención a la pelvis, las caderas, las nalgas que se expanden por el suelo…

Siente tu respiración en el vientre, y permite que en la inspiración el vientre se hinche como un globo, y en la espiración se deshinche, nota la presión de la respiración en esta zona.

Deja tu pecho totalmente relajado, y siente como ese relax viaja ahora a tu espalda.

Nota la respiración en el pecho y en el abdomen.

Respira, tus pulmones se hinchan y se deshinchan. ¿Puedes observar el ritmo del corazón?

Dirige la atención lentamente a tu mano izquierda, nota el peso de la mano, los puntos de contacto con el suelo, el dorso, la palma, el dedo pulgar, el índice, el corazón, el anular y el meñique.

Siente la muñeca.

Siente el antebrazo izquierdo, y percibe la sensación de peso.

Nota todo tu brazo, desde el hombro hasta la mano, y observa qué sensaciones tienes.

Lentamente, dirige la atención hasta la mano derecha, nota su peso, los puntos de contacto con el suelo, el dorso, la palma, el dedo pulgar, el índice, el corazón, el anular y el meñique.

Siente la muñeca.

Siente el antebrazo derecho, y percibe la sensación de peso.

Nota todo tu brazo, desde el hombro hasta la mano, y observa las sensaciones que tienes.

Toma aire de forma lenta y profunda.

Lleva tu atención al cuello, nota como cuando espiras puedes relajar la musculatura del cuello.

Nota también que tu nuca se relaja, y que esta relajación sube por todo tu cuero cabelludo.

Lleva la atención hacia tus ojos y tus párpados, que caen pesados. La onda de relajación se dirige hacia la frente, las sienes se expanden, *percibe las sensaciones que tienes en la orejas, el oído interno, la nariz.*

Percibe ahora lo que notas en la mandíbula, relájala. Siente la boca, los dientes, la lengua. Relaja también los labios.

Ahora la atención puede percibir todas las sensaciones de la cabeza, el gesto de la cara, el cuero cabelludo y el interior de la cabeza.

Siente ahora todo el cuerpo, desde la coronilla hasta las plantas de los pies. El cuerpo está relajado, y tu atención es mucho más precisa.

Inspira y lleva la atención desde la cabeza hasta las plantas de los pies. Y en cada espiración, desde las plantas de los pies hasta la coronilla, recorriendo todo tu cuerpo varias veces.

BAILAR

<u>Materiales:</u> música que incite al niño a moverse.

En muchas ocasiones comenzamos las clases practicando el baile libre: buena música y dejar que los niños se expresen libremente, que conecten con su cuerpo, que se liberen, que hagan movimientos exagerados, que pierdan la vergüenza, la inseguridad, los miedos. Que sean ellos mismos.

Al principio es necesario acompañarlos, o tardarán más en soltarse. Una vez sueltos, la atención y la conexión de la mente y el cuerpo es total.

Pueden bailar como si fueran animales, árboles, flores, las olas del mar, el sol...

Se trata de una actividad ideal para hacerla en casa. Con ella se genera un vínculo cálido, de diversión y conexión extraordinario.

CAMINANDO Y CORRIENDO TAMBIÉN PODEMOS MEDITAR

En el último capítulo hablaremos de cómo mediante la práctica del mindfulness de manera formal aprendemos a vivir en modo mindfulness. Cualquier cosa que hagamos, hecha con plena atención, cambia de significado, cambia de tono y de color.

El acto de caminar o correr, que puede parecer muy común o normal, y hasta a veces aburrido, puede cambiar totalmente cuando nos centramos en las sensaciones que acompañan a estos deportes.

Observamos lo que sentimos en los pies al tocar el suelo, para lo que podemos imaginar que besamos el suelo con los pies, o que la tierra sobre la que andamos nos masajea la planta del pie.

También es beneficioso observar las sensaciones en cualquiera de las articulaciones del cuerpo que se muevan con la marcha, como las rodillas, los tobillos o las caderas.

Los chavales se plantean este tema con una actitud muy abierta y una gran curiosidad, y con mucha disposición a probarlo.

ALGUNAS DE MIS EXPERIENCIAS CON MIS ALUMNOS EN LAS SESIONES DE MINDFULNESS PARA DESARROLLAR LA ATENCIÓN

» DIEGO Y SU SUPUESTA HIPERACTIVIDAD

Que un niño sea movido y no pare quieto —una característica muy propia de los niños— no significa que el pequeño tenga TDAH, sería uno de los síntomas que habría que valorar para realizar un diagnóstico, pero nunca el único.

Este fue el caso de Diego: sus padres se pusieron en contacto conmigo porque estaban realmente preocupados, pues aunque Diego tenía solo cuatro años, su pediatra ya les había sugerido que podía ser hiperactivo.

Diego fue un verdadero reto para mí. En primer lugar, por su supuesta hiperactividad, y en segundo lugar, por su corta edad.

Para empezar, decidí realizar la primera parte de la serie de seis sesiones que hice con él de manera individual. Así podría prestarle toda la atención única y exclusivamente a él.

Primero le proporcioné explicaciones muy sencillas de lo que es el mindfulness, y del porqué sus padres lo traían a trabajar y jugar conmigo. Los cincuenta y cinco minutos restantes de la clase eran solo prácticas.

Los diferentes juegos y ejercicios que utilicé para incrementar la concentración y la atención (descritos previamente), en su caso no duraban más de 3 o 4 minutos cada uno. El repertorio de estrategias que trabajé fue amplio, con el fin de entrenar la atención durante más tiempo.

Cuando llevábamos treinta minutos de clase, introducía a Diego en la práctica del yoga y acroyoga con niños más mayores, lo cual lo motivó sobremanera, pues los niños mayores lo protegían, atendían y cuidaban, si Diego lo necesitaba.

Esquema de trabajo seguido con Diego:

- 5-10 minutos de diálogo en los que Diego me contaba qué tal había ido la semana, le explicaba las técnicas que hacíamos y los conceptos de mindfulness que íbamos a tratar.
- 20 minutos de prácticas de atención, de 2 o 3 minutos cada una.
- 30 minutos de yoga y acroyoga.

El programa de mindfulness despertó en Diego una gran motivación. Según los datos proporcionados por sus padres y su profesora, su comportamiento tanto en casa como en el colegio ha mejorado mucho:

- Realiza las tareas con más calma, atención y ganas de hacerlo bien.
- Su actitud hacia la escuela es muy positiva.
- Gestiona mejor sus enfados y se siente más tranquilo en casa y en el colegio.
- Ha disminuido el número de rabietas.
- Lo pregunta todo.
- Habla de sus experiencias en el colegio con más fluidez.
- Ordena sus cosas después de jugar.
- Se relaciona muy bien con sus amiguitos y los invita a su casa.

El éxito de esta intervención se ve ahora muy sustentado por el apoyo de los padres de Diego, por el interés que tienen en que su hijo practique los diferentes ejercicios cada día. Este apoyo es básico, pues sin práctica no hay cambios. Destaco la importancia de continuar con las prácticas al finalizar las seis sesiones del programa.

» JORGE, UN NIÑO NERVIOSO CON ESTRÉS

Cuando comencé a trabajar con Jorge, su madre estaba un poco desesperada. Jorge ya tenía once años, pero había vuelto, hacía unos meses, a coger las típicas rabietas de los niños de tres o cuatro años. Esto se debía a varias razones: el nacimiento de su hermano pequeño y la posterior convivencia con él, así como el hecho de que su madre se incorporara a la vida laboral de nuevo.

Mi planteamiento fue hacer un par de sesiones con él de forma individual, y que luego se uniera al grupo de niños del programa «Niños atentos y felices» que estaba desarrollando en ese momento.

Todas las sesiones tenían la estructura básica, es decir: explicación de lo que es el mindfulness y de los beneficios que proporciona, explicación de las prácticas que haríamos en la clase y conversación sobre las meditaciones y las posturas de yoga que había trabajado en casa y los sentimientos que había tenido. Posteriormente comenzábamos con 25 minutos de yoga y acroyoga, seguidos de la práctica de las diferentes meditaciones y exploraciones corporales que habéis leído en este capítulo. En las dos últimas clases, Jorge practicó la autocompasión, la autoestima y la gratitud (véanse los capítulos 4 y 5).

Jorge experimentó una notable mejoría:

- Sus rabietas se fueron haciendo cada vez menos frecuentes.
- Se encontraba por lo general más relajado a la hora de enfrentarse a los exámenes y diferentes pruebas en el colegio.
- Se levantaba menos veces a la hora de ponerse a estudiar.

- La actitud con su hermano iba mejorando día a día.
- Las conversaciones con su madre sobre sus miedos y temores eran más frecuentes.
- Describía en su diario de gratitud acciones como los abrazos y mimos de sus padres, lo que le hizo reforzar su seguridad.

» TONI, UN NIÑO MUY ACTIVO Y DESPISTADO

La madre de Toni estaba muy inquieta. Pensaba que su hijo había heredado las dificultades que ella misma tenía para concentrarse, y de hecho confiaba muy poco en que su hijo pudiera seguir el programa de mindfulness. Toni, a los trece años, según el mismo comentaba tenía la cabeza llena de pensamientos que no le dejaban concentrarse en casi nada. Le costaba dormir.

El planteamiento de las sesiones con Toni fue el mismo que he explicado al hablar del programa «Niños atentos y felices»: yoga, acroyoga y meditaciones para desarrollar la atención en las seis clases; además, en la segunda, tercera y cuarta clase, trabajo de las emociones, y en las dos últimas, trabajo de la autocompasión, la autoconfianza y la gratitud.

Los resultados en Toni son buenos y muy prometedores:

- Es consciente de su atención aumentada y la emplea para estudiar matemáticas y otras asignaturas que no le gustan más a fondo.
- Disfrutó aprendiendo yoga, y especialmente acroyoga. Sigue practicando a diario, una vez finalizó el programa, posturas como el árbol, el cuervo y las series de guerreros antes de meterse en la cama. Esto le reporta calma y bienestar.
- Después del yoga, la práctica de la exploración corporal le hace sumirse en los brazos de Morfeo cada noche.
- Toni es muy bueno en los deportes. Ahora se siente satisfecho de ello, mientras que antes no paraba de pensar en por qué no destacaba en matemáticas.

EL SABIO Y EL NIÑO (SABIDURÍA POPULAR)

Un niño se acercó a un anciano sabio y le dijo:

—Me han contado que tu sabiduría es inmensa. Explícame por favor qué cosas puede hacer un sabio que no estén al alcance del resto de los mortales.

El sabio anciano le contestó:

—Es sencillo: cuando como solo como; únicamente duermo cuando estoy durmiendo, y cuando hablo contigo, estoy atento a nuestra conversación.

—Pero eso también lo hago yo y no soy sabio —replicó el niño, sorprendido.

—No creo que lo hagas —le dijo el sabio—, pues cuando vas a dormir revives los problemas que tuviste durante el día y te preocupas por los que podrás tener por la mañana. Cuando comes estás pensando en qué vas a hacer después de comer, y mientras hablas conmigo no escuchas atentamente y cavilas qué más vas a preguntarme o planificas tu respuesta antes de que yo termine de hablar.

El secreto, querido amigo, es estar atento a lo que hacemos en el instante presente y así disfrutar cada minuto de los milagros que nos depara la vida.

CAPÍTULO 3

EL UNIVERSO EMOCIONAL DE LOS NIÑOS Y LOS ADOLESCENTES

Haber alcanzado un estado de libertad interior con respecto a las emociones, no significa que uno sea apático o insensible, ni que la existencia pierda sus colores.

Sencillamente, en vez de estar constantemente a merced de nuestros pensamientos negativos, de nuestros humores y de nuestro temperamento, nos hemos convertido en sus dueños.

MATTHIEU RICARD

¿CÓMO TE SIENTES?

La palabra «emoción» viene del latín *emovere*, que significa «estar en movimiento» o «estar agitado». Los antiguos interpretaban la emoción como la pasión que alteraba al individuo y que le hacía moverse.

Las emociones son estados afectivos que producen cambios neurofisiológicos en el organismo en respuesta a un determinado estímulo propio de la experiencia que se esté viviendo. En la respuesta emocional intervienen las vivencias y experiencias que hayan podido almacenarse en la memoria, así como el carácter o condición genética de cada uno, por eso las emociones son subjetivas y propias de cada persona. Hasta que no se manifiesta la emoción, no somos conscientes de ella.

Las emociones tienen una función muy importante: nos ayudan a modificar nuestras conductas para poder reaccionar rápidamente. Por ejemplo, cuando nos sentimos amenazados, la emoción del miedo nos ayuda a huir o a luchar.

A menudo nos encontramos de manera rápida en diferentes estados emocionales, que pueden ser positivos, neutros o negativos. Las emociones positivas que surgen del amor nos hacen sentir bien, contentos y felices, y las negativas, que emergen sobre todo del miedo, nos hacen sentir mal, alterados y vacíos.

En muchas ocasiones el término «emoción» se confunde con el de «sentimiento». Los sentimientos son el resultado de las emociones y expresan los diferentes estados de ánimo. Los sentimientos se verbalizan.

Los cuatro estados emocionales más básicos son el enfado, la tristeza, el miedo y la alegría.

El **enfado** es una emoción que las personas manifestamos con ira, irritabilidad y, a veces, resentimiento. Normalmente es causado por alguna manifestación física o verbal de otra persona que no nos gusta.

Con el enfado se producen en nuestro cuerpo una serie de manifestaciones físicas, por ejemplo, aumento de la presión arterial, aumento de la frecuencia cardiaca y liberación de neurotransmisores del estrés como adrenalina, noradrenalina y cortisol.

Conviene saber que las situaciones de enfado nos generan malestar y, con el tiempo, enfermedades. Por esto es tan importante que los más pequeños aprendan a manejar la ira y el enfado.

La **tristeza** es la sensación de apatía, melancolía y falta de interés por las cosas que antes nos gustaban. La persona triste se siente muy abatida y con una débil autoestima. Los sentimientos más habituales son los que se expresan con las frases «No sirvo» y «No puedo». La energía cae a un nivel realmente bajo y esto hace que sea más difícil salir de este estado emocional.

Normalmente se produce un déficit de neurotransmisores como la serotonina y la dopamina, y en muchas ocasiones, cuando la tristeza se convierte en depresión, es necesario tomar antidepresivos.

Es crucial saber regular las emociones complejas como la tristeza para no sufrir una depresión.

El **miedo** es la sensación, normalmente desagradable, que se manifiesta cuando percibimos una amenaza o un riesgo, tanto reales como imaginarios.

La química de nuestro cuerpo, como ocurre en el caso de las otras emociones, se modifica. Liberamos adrenalina, noradrenalina y cortisol, activándose el sistema de lucha-huida.

Esta emoción la tenemos muy presente porque en general los seres humanos nos aferramos a las amenazas. Esta característica la hemos heredado de nuestros antepasados que corrían delante de las fieras para salvar la vida. Actualmente no necesitamos reaccionar así, pues en la mayoría de las ocasiones en que sentimos miedo nuestra vida no corre peligro.

La **alegría** es una emoción caracterizada como positiva y que suele originarse a partir de un sentimiento de placer. Manifiesta un estado interior radiante que desprende energía positiva.

Durante largo tiempo la expresión de las emociones se ha relacionado con la vulnerabilidad o el exceso de sensibilidad, y a estas las hemos percibido como poco útiles. ¿Cuántas veces hemos oído decir: «No llores, no ha sido para tanto», o «No seas miedoso, que eres un hombretón» o «No grites, que eres una señorita»?

El niño empieza a reconocer emociones positivas y negativas cuando todavía es un bebé. Las emociones infantiles son muy variadas y van más allá de la capacidad de expresión de los niños, pues estos identifican y distinguen emociones antes de ser capaces de ponerles un nombre. Desde muy pequeños muestran empatía respecto a las emociones básicas de otros, como alegría, tristeza, enfado y miedo.

El niño no sabe qué le pasa cuando se emociona, por eso es necesario trabajar las diferentes emociones desde bien pequeños, así como la regulación emocional, técnica que se adapta en función de la edad del niño. Es importante que el niño sepa identificar, reconocer y experimentar sus emociones. Normalmente las personas tendemos a ocultar, a tapar, a evitar las emociones, pues expresarlas está mal visto. Las emociones hay que aceptarlas, tanto las buenas o positivas como las difíciles o negativas.

Los adultos debemos respetar el estado emocional de los niños. Solo así les ayudamos a descubrir su identidad y a fomentar su seguridad y autoestima.

En la adolescencia, etapa de alta intensidad emocional, es habitual que los jóvenes no sepan a qué se están enfrentando, y desconozcan por qué sienten o se emocionan con tanta fuerza. Lo que antes para ellos era insignificante ahora es un mundo. Nuestros niños grandes necesitan seguir percibiendo que estamos a su lado. La escucha activa y consciente, aunque parezca que no quieren hablar con los adultos, es primordial. Es básico que estemos atentos, disponibles y receptivos, y les proporcionemos las herramientas adecuadas, para que aprendan a canalizar las emociones sentidas como difíciles o negativas, y a expresarlas sanamente.

Las emociones no gestionadas se quedan dentro, permanecen ocultas y generan más sufrimiento del debido. Pueden producir situaciones de bloqueo emocional y estados de ánimo de tristeza, agresividad o aislamiento. En este caso, el adolescente se aislará con su música, sus redes sociales, la televisión o, en el peor de los casos, las drogas.

BIOLOGÍA DE LAS EMOCIONES

Las emociones son el resultado de un conjunto de procesos neuroquímicos que tienen lugar en nuestro organismo como respuesta a determinados estímulos. La alegría, la culpa, la vergüenza o la ira son pura química, cambios moleculares dentro del cuerpo que no podemos evitar ni controlar una vez se ha iniciado la cascada de reacciones bioquímicas. Sí podemos, no obstante, revertir estos cambios químicos.

Las emociones forman parte de nuestra biología. La forma en que nuestro cerebro percibe los cambios en que consisten son los sentimientos. Los sentimientos y los estados de ánimo nos ayudan a tomar decisiones para solucionar problemas que requieren atención y creatividad.

La mente está conectada con el cuerpo a través de una asombrosa red molecular. Las moléculas que la forman son los neuropéptidos, cadenas cortas de aminoácidos (pequeñas proteínas) secretados en el sistema nervioso central, que permiten que nuestro cuerpo sienta.

El cerebro humano, evolutivamente hablando, posee tres estructuras relacionadas con la regulación de las emociones:[1]

— Cerebro reptiliano 1
— Cerebro paleomamífero 2
— Cerebro neomamífero 3

El cerebro reptiliano tiene 700 millones de años. Está situado en el tallo cerebral, y es el responsablede la respuesta de lucha-huida, de carácter instintivo. Se encarga de dar la orden de sintetizar los neurotransmisores adrenalina, noradrenalina y cortisol.

Este sistema cerebral se activa cuando sentimos amenazas, sean reales o no. La constante activación del reptiliano genera estados de activación que perduran en el tiempo caracterizados por una síntesis de cortisol constante. Es entonces cuando las enfermedades tienen más probabilidades de manifestarse. Llevamos en nuestros genes el modo de reacción que ayudaba a nuestros antepasados a salvar la vida, y es por esto por lo que las noticias y experiencias negativas permanecen en nuestro cerebro más tiempo que las positivas. Hoy en día la activación del reptiliano solo sería útil en los casos de verdadero peligro.

El cerebro paleomamífero rodea al reptiliano, es más reciente evolutivamente hablando y corresponde al cerebro emocional-motivacional o sistema límbico, formado por los ganglios basales, el hipocampo, la amígdala (alarma que da voz a las emociones intensas), el hipotálamo y la glándula pituitaria o hipófisis. Esta parte del cerebro se ocupa de la producción de la dopamina, un neuromodulador relacionado con los logros y la recompensa que generan esos logros, la atención y las conductas de aproximación.

En las emociones, además del sistema límbico, están implicadas otras partes del cerebro, por eso desde la amígdala se activa el sistema nervioso simpático y se produce el cortisol.

El cerebro neomamífero es la parte del cerebro más moderna. Se trata de la corteza cerebral prefrontal, que se encarga de planificar, establecer objetivos y dirigir las acciones. También consta de la corteza cingulada anterior, que pone en marcha la atención y revisa los planes. Este novedoso cerebro integra el pensamiento y los sentimientos.

En esta zona del cerebro se producen otros neuromoduladores, como las endorfinas, la oxitocina y la noradrenalina. Las dos primeras están relacionadas con la sensación de placer, amor, proximidad, calma y seguridad.

Cuando nos sentimos amenazados el sistema reptiliano está activado. La amígdala está estimulada y sentimos miedo e ira. A medida que aumenta esta activación, el control ejecutivo que ejerce la corteza prefrontal va disminuyendo, y en este estado es imposible que se ponga en acción el sistema de calma-seguridad.

Entonces ¿qué podemos hacer para regresar a un estado de calma, seguridad y bienestar? **Gracias a la atención plena o mindfulness y a la autocompasión y la compasión podemos desactivar los circuitos cerebrales de lucha-huida y las emociones que de ellos se derivan: el miedo y la ira.** Así, comenzamos a liberar oxitocina y a inhibir la producción de cortisol.[2]

LAS EMOCIONES, LOS PENSAMIENTOS Y LAS SENSACIONES, Y CÓMO INFLUYEN EN LA REGULACIÓN EMOCIONAL

El estado habitual de nuestra mente es el pensamiento. Tenemos alrededor de ochenta mil pensamientos diarios, y un gran porcentaje de ellos son pensamientos negativos, pensamientos que conllevan juicios sobre los demás o sobre nosotros mismos, pensamientos tristes, o que dicen «No soy capaz» o que expresan celos, pensamientos llenos de preocupaciones que nos trasladan a un futuro incierto, pensamientos sobre problemas no resueltos del pasado. Este estado mental es lo que los psicólogos llaman «rumiación» y los budistas, «mente de mono».

Estos pensamientos van de la mano de las emociones, y ambos son los dos primeros componentes de cada experiencia vivida. Los pensamientos generan emociones; si los pensamientos son negativos, las emociones serán negativas o destructivas. Hay ocasiones en que una determinada emoción se ve agrandada con pensamientos repetitivos y negativos. No sabemos qué surge antes, si el pensamiento negativo que genera una emoción difícil o la emoción difícil que acompañamos y amplificamos con pensamientos repetitivos. El caso es que van a la par.

Las emociones y los pensamientos son como las olas del mar. Llegan a la orilla con fuerza y parece que pueden contigo, pero pronto se van y vuelves a quedarte tranquilo. De hecho, está comprobado que una emoción permanece en la mente entre 90 segundos y 4 minutos.

Las emociones que se mantienen durante días, semanas e incluso meses siempre van acompañadas de pensamientos repetitivos y negativos, y cuando ocurre esto es cuando una simple tristeza puede desembocar en una depresión, o un leve enfado, en una situación de ira persistente, y una preocupación, en un trastorno de ansiedad. A los adultos esto no nos es desconocido.

El tercer componente de cada experiencia vivida son las sensaciones o corporalidades. Es decir, la experiencia del momento presente tiene tres componentes:

Pensamiento - Emoción - Sensación corporal

Esto significa que las emociones y los pensamientos siempre pueden percibirse en el cuerpo, siempre producen una sensación o corporalidad, lo cual es verdaderamente útil. Para aprovechar esta utilidad basta con aprender a escuchar nuestro cuerpo, abandonar nuestros pensamientos negativos y emociones negativas dándoles apertura, experimentarlos centrando nuestra atención en el cuerpo. Allí donde sintamos algo físicamente es donde hemos de dirigir nuestra atención.

Cuando el niño aprende a reconocer, expresar y gestionar sus estados emocionales, puede evitar la prolongación innecesaria de sus emociones, una prolongación que normalmente termina por transformarse en sufrimiento. Es decir, aprende a surfear la ola emocional.

Por ejemplo, un niño que se preocupa en exceso puede tener pensamientos del tipo: «Si se me nota que tengo ganas de llorar pensarán que soy débil», o «Me he enfadado con mi mejor amigo, he comenzado a gritar e insultarle, y va a pensar que no merezco su amistad», o «Ese ruido de ahí fuera es un monstruo, un ladrón o alguien que nos va a hacer daño». Cuando estos pensamientos que solo agravan las emociones (el niño se encuentra en la cresta de la ola y siente que se ahoga) dejan de estar en la mente y el niño aprende a buscarlos en su cuerpo, en forma de sensación física, se detiene a observar esta sensación y, pasados unos minutos, se relaja, percibe que es capaz de generar su propio bienestar. Aumenta la confianza en el niño (este surfea la ola), pero lo más importante es que esa emoción que anteriormente lo bloqueaba y secuestraba, ahora él la siente como si no fuera suya, siente que no le pertenece (la ola se va). Esto es abrirse a la emoción, experimentar la emoción.

Todo el proceso se parece a un nubarrón que pasa por el cielo de la mente, y se va. El niño entiende que él no es sus pensamientos, que él no es su emoción, por muy fuerte que la haya sentido en determinadas ocasiones.

Experimentar la emoción es realmente útil, pues el niño o adolescente puede hacer que sus miedos, los nervios previos a un examen, el enfado o la tristeza se vayan. Si ha entrenado la atención con las meditaciones y asanas que vimos en el anterior capítulo, será capaz de darse cuenta. Este es el punto clave: darse cuenta o no darse cuenta.

Cuando hay atención, el niño se da cuenta de su estado emocional y busca sensaciones físicas, por ejemplo:

– Sentir esas palpitaciones previas al examen.
– Detenerse en ese nudo en el estómago unos minutos.
– Observar esos hombros levantados y contraídos por el miedo.
– Observar la respiración acelerada.
– Sentir el enrojecimiento de la cara.

Como expliqué antes, esto es pasar de la mente al cuerpo, con lo cual el niño ve con satisfacción como pronto vuelve a estar libre de miedos, preocupaciones y enfados.

MEDITACIÓN DE LA REGULACIÓN EMOCIONAL PARA NIÑOS Y ADOLESCENTES

Es primordial aprender a observar las sensaciones corporales, entrenarlas con las meditaciones del desarrollo de la atención del capítulo 2, en las cuales hay una búsqueda de dichas corporalidades.

Primero conviene darse cuenta de las emociones y los pensamientos, para lo cual es fundamental, por un lado, haber trabajado la atención y, por el otro, saber escuchar el cuerpo, entender que el cuerpo se comunica con nosotros constantemente y que es siempre honesto cuando se comunica. Estos son los puntos básicos para la regulación emocional.

A los niños de entre cuatro y seis años puede que les resulte un poco complicado el hecho de buscar sensaciones en el cuerpo. Aparte de incitarlos a hablar y a que expresen lo que sienten, siempre se puede recurrir a la respiración observando cómo sube y baja el vientre, o al movimiento con algunas asanas de yoga. En el momento en que empieza a concentrarse en su cuerpo y a poner la atención en otro tema, adiós a la emoción.

La regulación emocional supone una parte importante de su evolución personal, de su proceso de maduración.

_Meditación de la regulación emocional (audio 8)

Los niños pueden llevar a cabo esta meditación a partir de los once o doce años. Dependiendo de cuál sea la emoción que sienten y la intensidad con que la sienten, pueden llegar a necesitar la colaboración de un adulto.

Es conveniente realizar esta práctica cuando el niño esté viviendo la emoción.

Acomódate, siéntate y sé consciente de tu emoción, y de los pensamientos que la acompañan. Identifica esos pensamientos que hacen que te sientas mal.

¿Cómo te sientes? ¿Qué piensas?

Respira profundamente un par de veces, con espiraciones largas y suaves.

Observa si tienes alguna zona del cuerpo más tensa, con dolor, palpitaciones, calor, sudor… Si es así, significa que la emoción difícil se manifiesta allí, y tienes que observar unos minutos esta zona.

¿Me puedes decir lo que sientes en esta zona?

Mantén esta observación el tiempo que sea necesario hasta que la sensación comience a desaparecer.

(Acompañamos al niño buscando sensaciones en el estómago, el abdomen, el pecho, el corazón, los hombros, la espalda, la cabeza…)

Una vez esta sensación física ha desaparecido, notas un sensación de calma y paz.

Permanece unos minutos más con las manos en el corazón, y date calor, cariño y amor.

Puedes dedicarte estas frases:

- Me doy amor.
- Me quiero y me cuido.
- Soy feliz.

Haz un par de respiraciones profundas y completas, llevando el aire hasta el abdomen, y ve espirando suavemente hasta el final.

Adaptación para niños de 5 a 10 años (audio 9)

Acuéstate cómodamente en tu cama, en una alfombra o en una esterilla de yoga.

Haz unas cuantas respiraciones, con un peluche o tu mano sobre tu tripita, y observa cómo sube y cómo baja (1 minuto).

Recuerda los pensamientos que te producían miedo, enfado, nervios o ganas de llorar. ¿Dónde los tienes? ¿Están dentro de tu cabeza?

Ahora imagina que todos esos pensamientos entran en un ascensor que tienes en la cabeza, cierras la puerta del ascensor y el ascensor comienza a bajar a los pisos de abajo.

Observa si esos pensamientos se quedan en el piso de la garganta, es decir, ¿notas algo en la garganta, alguna sensación, algún dolor? ¿Puedes explicarme cómo es la sensación? (Mantener la observación 1 o 2 minutos.)

Seguimos bajando en el ascensor. Ahora fíjate en si esos pensamientos salen del ascensor en el piso del pecho. ¿Hay alguna sensación en el pecho? ¿Y en el corazón? ¿Hay algún dolor? (Mantener la observación 1 o 2 minutos.)

Y seguimos bajando dentro del ascensor, hasta que nos detenemos en el piso del estómago y de la tripita. ¿Salen aquí los pensamientos? ¿Notas algo en el estómago, algo parecido al dolor o un pinchazo? (Mantener la observación 1 o 2 minutos.)

Quizá quieras estar un ratito más en alguna otra zona de tu cuerpo, o en estas por las que ya hemos pasado…

Para finalizar puedes ponerte las manos en el corazón y sentir una luz, un calor que sale de tus manos.

Siente que tú mismo puedes cuidarte y darte amor.

_Meditación de los pensamientos

Con el objetivo de entender que los pensamientos, además de las emociones, son transitorios, suelo practicar la siguiente visualización.

Acomódate, siéntate y sé consciente de los pensamientos que están pasando por tu cabeza en este momento. Date cuenta de si esos pensamientos van acompañados de emociones o no.

Visualiza los pensamientos que tienes en tu mente como si fueran nubes.

Las nubes van atravesando el cielo hasta que desaparecen, al igual que los pensamientos que pasan por tu cabeza y luego desaparecen.

Otra forma de hacer entender a los niños y adolescentes lo que los pensamientos repetitivos y negativos generan en su mente, es mediante una de esas bolas de nieve que suelen regalarse a los niños, que al moverlas o ponerlas boca abajo parece que nieva en su interior. En este caso, les digo a los niños:

Cuando tienes la mente llena de pensamientos negativos sobre ti o sobre algo que te ha ocurrido y te sientes mal, tu cabeza es como esta bola: ¡está nevando en ella! La nieve son tus pensamientos y no te deja ver nada. Tu visión y tu mente están muy nubladas.

Sin embargo, cuando eres capaz de centrarte en tus sensaciones al respirar o en alguna zona de tu cuerpo, tu mente se queda limpia y despejada, como esta bola ahora mismo.

Entonces, cuando los copos de nieve se han depositado en el fondo, muestro la bola.

Los siguientes apartados son ejemplos de regulación emocional. Centrándome en las emociones más básicas y apoyándome en mi experiencia personal con mi hija, mis sobrinas y otros niños de los grupos de trabajo, pretendo compartir lo que para mis niños y para mí ha sido un gran descubrimiento.

No puedes detener las olas, pero puedes aprender a practicar el surf.

JOSEPH GOLDSTEIN

ISABEL Y LOS MIEDOS

El temor es la cuestión. ¿De qué tenemos miedo y por qué? Nuestros miedos son una casa llena de tesoros de autoconocimiento.

MARILYN FERGUSON

EL MIEDO EN NIÑOS Y ADOLESCENTES

El miedo es una de las emociones más comunes en la infancia. Entre los cuatro y los siete años, el niño no sabe afrontar ciertas situaciones que conllevan elaborar una determinada información, ni está preparado para ello. Experiencias como una pelea vista en la calle o en televisión, las discusiones en casa, un robo en el domicilio, la separación de los padres, el fallecimiento de algún familiar cercano, etcétera, pueden hacer que sientan inquietudes y preocupaciones que a veces se manifiestan en terrores nocturnos.

El miedo nos es útil, pues ayuda a prevenir peligros y a salvar la vida, igual que lo es el dolor físico que anuncia que algo no va bien.

Como he comentado antes, cuando tenemos miedo se produce un cambio bioquímico en nuestro sistema nervioso que hace que se liberen los neurotransmisores que nos ayudan a huir o a luchar y defendernos.

Hemos heredado esta capacidad de nuestros antepasados que corrían delante de los lobos o los leones para salvar la vida, en un momento de gran estrés. Era una capacidad muy valiosa, se salvaban los más rápidos, fuertes e inteligentes, y así evolucionaba la especie.

Esta reacción que nos empuja a la lucha ha quedado impresa en nuestro material genético, y aparece cada vez que nos sentimos amenazados. Sin embargo, ahora no nos hace falta reaccionar así siempre que tenemos miedo. Es una reacción desproporcionada. En muchas ocasiones sentimos más miedo del debido, lo que nos hace estar siempre activados y, a menudo, vivir en un estado de estrés constante.

Nuestra atención se centra mucho más fácilmente en las amenazas que en los momentos de bienestar.

Tener miedo muchas veces al día o continuamente, nos limita, pues dejamos pasar numerosas oportunidades de disfrutar, dejamos de hacer cosas por pensar en peligros imaginarios y nos perdemos en nuestros pensamientos de temor.

Esta emoción se va enquistando en nosotros, cada vez más grande, y podemos llegar a sufrir una profunda ansiedad.

Son muy habituales los pensamientos relacionados con el miedo o las preocupaciones como los siguientes:

— «Me preocupa no poder ver más a mi prima porque mis tíos se han trasladado a otra ciudad. Estoy muy triste».
— «No puedo dormir, solo tengo en la cabeza los deberes que no he hecho, me siento mal.»
— «¿Soy lo suficientemente simpática?»
— «¿Voy a dar la talla en la prueba de atletismo de mañana?»
— «No aprobaré el examen de matemáticas.»
— «Me siento muy mal, solo pienso en que si a mi madre le pasa algo, ¿quién me cuidará?»

Es muy importante que los niños sepan que los miedos son pasajeros, que en muchas ocasiones son imaginarios y suelen estar multiplicados por los pensamientos negativos. Es vital que adquieran las herramientas de atención y regulación emocional, para que entiendan que su sufrimiento puede ser más leve, o incluso momentáneo.

Quiero explicar el caso concreto de mi sobrina Isabel, y cómo logró superar sus miedos.

ISABEL DESCUBRIÓ TODOS LOS MIEDOS DEL MUNDO

Isabel tenía ocho años cuando su padre falleció después de luchar como un guerrero contra la enfermedad. Lo había visto muy malito, pero no esperaba ese final. Hubo llantos, rabia, dolor e incredulidad cuando fue a despedirlo.

Isabel era la sonrisa de Luis. Solo con verla se le iluminaban los ojos. Amor puro.

El máximo deseo de Luis los últimos meses era poder estar un ratito con sus hijas y su mujer y charlar con ellas. Lo cierto es que Isabel le daba soplos de vida.

El carácter de Isabel cambió.

Su personalidad magnética, alegre, risueña, bromista y bailona desapareció, y brotaron emociones que ella nunca había sentido. La principal fue el miedo.

La personita que todavía estaba construyendo sus defensas, las estrategias de regulación de sus emociones, las formas de enfrentarse a los avatares de la vida y defenderse de ellos se sintió muy afectada y alterada.

¡Tenía miedo a todo! A subirse a un avión, a tener un accidente de coche, a nadar en la zona profunda, a separarse de su madre, a que su madre sufriera el mismo infortunio que su padre, a que se quemaran los árboles, a que hubiera un tsunami, a no poder quedarse dormida, entre otros miedos.

Isabel tuvo que adaptarse a vivir en un mundo en el que su padre ya no estaba, tuvo que aceptar esa pérdida tan importante, tuvo que aprender a expresar sus emociones, a expresar su dolor y a recolocar emocionalmente a su padre para poder seguir viviendo tan feliz como ella era.

LAS CLAVES DE ISABEL PARA LIBERARSE DE SU TORMENTA INTERIOR

El proceso de duelo de Isabel duró tres años.

En este proceso fue fundamental el apoyo de Ana, su madre, y los largos y constantes diálogos que recogían todas las inquietudes de la pequeña.

En este tiempo el máximo deseo de Isabel era estar pegada a su madre, y se angustiaba mucho cuando se separaban. Gracias a Ana, a su hermana María, a sus abuelos, tíos y primas, Isabel pudo entender que no iba a quedarse sola. Encontró la seguridad que necesitaba en su familia y asimiló poco a poco la ausencia de su padre.

Pero los miedos seguían estando ahí, acechando sobre todo por las noches.

Isabel es extremadamente inteligente, y ha sido una alumna modelo en mis talleres de mindfulness. Ella pudo comprobar que las herramientas que estaba aprendiendo a usar le ayudaban, y su sentido de la responsabilidad la llevó a la práctica diaria.

El esquema de trabajo con Isabel fue el siguiente:

— Primero le expliqué que muchos de sus miedos nacían y vivían en su imaginación, que no estaban justificados. Que para poder vivir sin miedo, tenía que apartar los pensamientos negativos de su cabeza. Y que este proceso era sencillo si se centraba en su respiración, observando el movimiento de su vientre o las sensaciones en su nariz.
— En cada sesión practicaba yoga y poses de equilibrio durante aproximadamente 30 minutos.
— Planificamos sesiones grupales e individuales en las que realizaba meditaciones para el desarrollo de la atención.

Isabel comprobó rápidamente que algunas meditaciones simples basadas en la respiración, la exploración corporal o las sensaciones físicas en las manos le proporcionaban calma y bienestar casi de inmediato.

Lo que a ella en particular le funcionó realmente bien fue observar la riqueza de las sensaciones que notaba en las manos. En ellas percibía mucho calor y cosquilleo, de tal manera que se olvidaba de sus pensamientos.

Recuerda: pasa de la mente al cuerpo para desplazar tus pensamientos y trabajar además tu atención.

Aprovechando las pernoctaciones de Isabel en mi casa mientras todavía estaban presentes algunos de sus miedos, pude llevar a cabo sesiones individuales y tratar el miedo a la oscuridad, el miedo a ir sola a otra habitación o ir al piso superior. Acometimos una regulación emocional completa.

La acompañé en la búsqueda de las sensaciones físicas que la emoción del miedo le provocaba en cada zona del cuerpo (en esta fase Isabel se estaba abriendo a experimentar su emoción).

- Primero nos centramos en el vientre y el estómago, donde Isabel detectó cierta sensación de nudo en la boca del estómago. Permaneció atenta a esa sensación, hasta que pasó.
- En el pecho sentía palpitaciones un poco más fuertes. Se detuvo a obser-

varlas, hasta que volvieron a su ritmo normal.
- En la garganta notó una especie de dolor, de presión. Allí se quedó hasta que esta sensación se fue.

La clave no es intentar no sentir, o tratar de evitar las sensaciones que afloran en el cuerpo. De esta manera lo único que se consigue es prolongarlas, pues se están negando.

Regular las emociones implica abriros a ellas, dejar que estén y experimentarlas con curiosidad en la zona de vuestro cuerpo en la que aparezcan o se manifiesten. ¡Solo así se van! Se van en unos minutos.

Esto hay que experimentarlo. Para practicarlo con niños, mi recomendación es acompañarlos a lo largo del proceso, pues ellos solos no lo entienden. En cualquier caso, se trata de un proceso increíblemente eficaz.

Isabel consiguió, gracias al cuidado de su familia y al trabajo de la atención y la regulación emocional, eliminar casi todos sus miedos, incluso el miedo a no quedarse dormida. Poco a poco, Isabel aceptó su pérdida y recuperó su felicidad.

CUANDO LOS MIEDOS ESTÁN ARRAIGADOS EN EL SUBCONSCIENTE

Como hemos visto, el miedo es una de las emociones más frecuentes y complejas que experimentan los niños.

Quiero relatar el caso de Jaime, un niño de trece años que se despertaba cada noche empapado en sudor a causa de los fantasmas y muñecas que poblaban sus pesadillas. En esos momentos de miedo extremo solo conseguía calmarse metiéndose en la cama de sus padres.

Jaime llevaba una vida bien normal, era muy buen estudiante, un deportista entregado, un chico responsable, con aficiones como la programación y la robótica.

Comencé a trabajar con él en sesiones particulares. Ni él ni yo pudimos detectar el origen de sus miedos; la cuestión era que allí estaban.

El plan de trabajo con Jaime fue similar al del programa que sigo en los talleres con los niños. Las explicaciones fueron un poco más detalladas, pues sus capacidades me lo permitían. Le hablé de qué es el mindfulness y de cómo podía ayudarlo; le describí en qué consiste la regulación emocional, tratamos el tema de la autocompasión y la gratitud, etcétera.

Aprendió asanas de yoga y de acroyoga. Le enseñé las asanas con mayor capacidad ansiolítica, a las cuales dedicaba un rato antes de acostarse.

También aprendió todas las meditaciones, centrándose en la observación de su respiración y en las sensaciones que notaba en las manos y los pies.

Introduje una variación en la exploración corporal, y grabé un audio para que lo escuchara antes de acostarse y cuando se despertara a medianoche por culpa de una de sus pesadillas.

Este plan comenzó a dar resultados después de la segunda sesión, que es cuando empezó a escuchar el audio. A partir de entonces la frecuencia de los despertares nocturnos fue disminuyendo progresivamente.

A continuación transcribo el contenido del audio con la variación de la exploración corporal:

_Meditación para superar los miedos (audio 10)

Para empezar, túmbate en la cama boca arriba, con los brazos estirados a lo largo del cuerpo, las palmas de las manos hacia arriba y las piernas ligeramente abiertas.

Olvídate poco a poco de tus pensamientos, de los pensamientos de miedo. Incluso los que te generan las pesadillas son solo producto de tu imaginación. Los personajes que ves no existen, ¡las historias que vives no son reales!

Respira 2 veces profundamente.

Céntrate en tus pies, contráelos, aprieta un poquito más, y ahora relájalos. Observa las sensaciones que aparecen en los pies.

Céntrate en tus piernas, contráelas fuerte, aprieta un poquito más, y ahora relájalas. Observa las sensaciones que tienes en las piernas.

Céntrate en tus caderas y en tu abdomen, contrae esta zona, puedes elevar las caderas y apretar un poquito más, y ahora relájala. Observa las sensaciones que percibes en las nalgas, las caderas, la tripa.

Céntrate en tu pecho, tus hombros y tu espalda, contráelos, aprieta un poquito más, y ahora relájalos. Observa las sensaciones que experimentas en esta zona del cuerpo.

Céntrate en tus brazos y tus manos, contráelos, puedes elevarlos un poco, y ahora relájalos. Observa las sensaciones que se producen en tus brazos y tus manos.

Céntrate en tu cabeza y tu cara, y aprieta tu cara con fuerza, para que se arrugue como si fueras un ancianito, ahora relájala, y siente qué está pasando en tu cara.

Disfruta de las sensaciones que aparecen en todo tu cuerpo (1,5minutos).

Céntrate en la sensación corporal que percibas con más fuerza (1,5 minutos).

Haz una respiración profunda, espira el aire lentamente. Otra vez.

Ponte las manos en el corazón y repite varias veces mentalmente:

- *Mi cuerpo y mi mente están relajados, me siento bien y puedo descansar.*
- *Todo va bien, estoy muy tranquilo.*
- *Me quiero, me cuido y puedo dormir en paz.*

(Si lo necesitas, escucha de nuevo el audio.)

También le facilité una tabla de registro semanal de las prácticas que proporciono en los talleres (véase el apéndice 2).

Ha seguido practicando cada día. Al cabo de dos meses se habían solucionado sus despertares nocturnos, que ahora solo aparecen muy ocasionalmente. Está a gusto trabajando en su cuaderno de gratitud, pues al recrearse en las experiencias positivas del día con el fin de agradecerlas consigue que los pensamientos positivos desplacen a los negativos (véase el capítulo 6).

EL RATÓN ASUSTADO (SABIDURÍA POPULAR)

Érase una vez un ratoncito que lo pasaba realmente mal porque tenía miedo del gato. Un mago que llevaba tiempo observando esta situación sintió lástima y quiso ayudarlo, y lo convirtió en gato. Entonces el gato comenzó a temer al perro, y el mago decidió convertirlo en perro. Una vez perro, este empezó a temer a la pantera, por lo que el mago, convencido de que así lo ayudaría, lo convirtió en pantera. El miedo apareció de nuevo y la pantera empezó a temer al cazador. Llegados a este punto, el mago se dio por vencido y dijo:

—Nada de lo que haga por ti te va a ser útil, porque siempre tendrás corazón de ratón.

Y el ratón volvió a ser ratón.

Después de estas experiencias, el ratón decidió cambiar. Entendió que para disfrutar de su condición de ratón tenía que aceptarse, tenía que vivir el momento, pasarlo bien con sus amigos ratones cuando salían a buscar queso, gozar del sol y del aire fresco por la mañana, saborear el canto de los pájaros, sentirse bien cuando dormía y cuando jugaba…Y si en algún momento aparecía el gato, pues echar a correr. Se dio cuenta de que tenía un olfato muy fino y podía oler al gato, de modo que salía corriendo en cuanto lo detectaba. Comprendió que gracias a estar en contacto con sus miedos había aprendido a superarlos. Descubrió que sus capacidades innatas le servían, que tenía que vivir el momento, y que al prestar atención a sus miedos y enfrentarse a ellos había conseguido vencerlos.

ELENA Y LA IRA

No hacer daño exige estar despierto, lo cual supone, entre otras cosas, actuar con menos precipitación para ser conscientes de lo que decimos y hacemos.

Cuanto más observamos nuestras reacciones emocionales en cadena y comprendemos su funcionamiento, más fácil nos resulta abstenernos.

Permanecer despiertos, no precipitarnos y ser conscientes de lo que ocurre se convierte entonces en un modo de vida.

PEMA CHÖDRÖN

LA IRA EN LOS NIÑOS

Vivimos en una sociedad en la que la expresión de las emociones de afecto no están bien vistas y, además, se premia el control de las emociones.

El niño capta actitudes de marcado carácter violento cuando nadie controla los contenidos que ve en el televisor o en las videoconsolas, lo que implica que nadie controla tampoco el tiempo que pasa frente a estos aparatos.

El uso constante de teléfonos móviles conlleva la disminución de la capacidad de atención y de concentración, la creatividad y la imaginación.

Los adultos transmitimos a los niños el ritmo que llevamos, que supone no parar y hacer mil cosas. Los educamos en un ambiente de estrés y ansiedad. Les enseñamos a no tolerar el aburrimiento y fomentamos la estimulación excesiva y la búsqueda constante de nuevas situaciones.

En este caldo de cultivo, los accesos de ira, rabia y agresividad son más comunes.

Es normal que los niños, en algún momento de su crecimiento, sientan ira o rabia. La rabieta de un niño de tres años que no consigue lo que quiere se considera que forma parte del desarrollo del niño, es una fase pasajera y necesaria en la que los pequeños aprenden a gestionar estas emociones y se autoafirman como personas independientes.

A partir de los cuatro o cinco años las rabietas son menos intensas. Hacia los seis o siete los niños se pelean físicamente y las niñas lo hacen de forma verbal. Entre los siete y los catorce años, los estallidos de ira los origina la defensa de sus derechos, que ellos establecen desde su punto de vista. Buscan integrarse en su propio grupo y diferenciarse de los padres.

Los niños que no son capaces de estar presentes, de percibir esta emoción abiertamente y de darse cuenta de que se están enfadando, se ofenden y se frustran, y la ira puede quedarse dentro de ellos.

Es entonces cuando se vuelven resentidos y malhumorados, cuando critican todo lo que no controlan y cuando incluso llegan a pensar que el mundo está en su contra.

En este estado de permanente enfado pierden amigos, pueden sentirse solos y muy mal con ellos mismos, y al final empeoran las relaciones sociales.

Las causas del enfado son numerosas:

— No obtener lo que desean, por ejemplo, la atención de los padres o los amigos.
— Tener celos de los hermanos.
— Recibir algo que no quieren, como una mala calificación.
— Fallar en la práctica de un deporte.
— Sentirse heridos en sus sentimientos por críticas o celos de sus amistades o relaciones.
— Rechazar situaciones que consideran injustas, como la pérdida de familiares cercanos.

No obstante, la emoción del enfado o la ira contiene un aspecto muy importante: es útil para decir basta, para cambiar las cosas cuando son arbitrarias o abusivas, para defendernos o para luchar por nuestros derechos. De hecho, muchos grandes logros y cambios en la historia de la humanidad han ido acompañados de líderes con dosis altas de enfado e ira.

INCONFORMIDAD

Elena tuvo que aprender a gestionar sus episodios de ira, cuyo origen no era ni el más simple, ni el más sencillo.

El detonante de los episodios de rabia e ira de Elena fue la separación y el posterior divorcio de sus padres. Elena tenía doce años.

La madre de Elena asistió a uno de mis talleres de mindfulness y me explicó su preocupación. Elena ya manifestaba tensión cuando empezó a percibir que las cosas no iban bien en casa, pues sus padres no podían ocultar tantas diferencias. Era muy nerviosa y comenzó a tener problemas y roces con las compañeras en el colegio. Su madre me contó que Elena siempre había sido una niña con personalidad y carácter, y la inconformidad y la incomprensión que le provocaba ese cambio en su vida las expresaba con estallidos de ira, gritos y enfados que luego la dejaban exhausta.

La ira aparece generalmente de forma espontánea y dura unos minutos, luego se va, pero la rabia de Elena parecía no querer irse.

Elena no entendía que su padre se había ido de casa y que además se iba a instalar en otra ciudad. Tenía la sensación de que lo había perdido para siempre. Al principio intentaba reprimir cualquier emoción de dolor que pudiera desbordarla. A veces se mostraba fría y reticente a hablar, y otras veces aparecían los episodios de rabia. Sufría un profundo dolor y la incomprensión la dominaba; la rabia que se apoderaba de ella se centraba en que su mundo ya no sería igual.

Las conversaciones con su madre y su padre y el amparo de toda su familia y sus amigas hicieron que Elena regresara a su día a día con seguridad y confianza.

«RESPIRA, ELENA, RESPIRA»

Elena participó en uno de mis talleres de mindfulness, y aunque no era nada comunicativa, un día se quedó hablando conmigo después de la sesión. Me contó que soñaba con que sus padres volvieran a vivir juntos. Es decir, Elena todavía no había aceptado el hecho del divorcio de sus padres.

El plan de trabajo con Elena fue el siguiente:

- Primero le expliqué que los episodios de enfado tenían un origen muy justificado en su caso: la inconformidad y la falta de aceptación respecto a la separación de sus padres. Era muy normal que estuviera enfadada, sin embargo, si esa emoción permanecía durante más tiempo con ella le iba a hacer mucho daño.
- Elena escribió una carta a su padre y otra a su madre contándoles todo lo que estaba sintiendo. Encontró en esa forma de expresión un gran alivio, por fin daba rienda suelta a todos los pensamientos que pasaban por su cabeza. Se comprometió a escribir siempre que se encontrara en situaciones similares.
- Le expliqué que la ira o enfado es una de las emociones básicas del ser humano, y que para ella se había convertido en la forma de expresar ese dolor.
- Elena realizó todas las prácticas del programa con el resto de los compañeros, y una vez adquirió constancia con la observación de la respiración y el cuerpo, poco a poco fue encontrándose más tranquila.
- Comprendió que para dejar de enfadarse tantísimo, primero tenía que aprender a sentir en su cuerpo esa emoción. En el instante en que era consciente de la rabia, paraba y buscaba sus expresiones en el cuerpo, como la respiración acelerada,

el sudor, el rubor, etcétera, para luego terminar observando su respiración y sentir una sensación de calma profunda.

— También aprendió la práctica de yoga y poses de equilibrio.

— Elena comprobó que las meditaciones de la observación de la respiración y la exploración corporal le proporcionaban calma y paz.

ELENA Y LA NATURALEZA

Elena ama la naturaleza, y los paseos por el campo son una de sus aficiones predilectas. Pertenece a un grupo scout, con el que realiza salidas regulares a parajes naturales. Caminar por el campo le ha sido de gran ayuda durante su proceso de aceptación.

En este apartado me gustaría destacar la importancia que tiene el contacto con todo lo natural cuando hablamos de sosegar y regular las emociones.

Según aprendemos a meditar, la mente nos va pidiendo de forma paulatina más tiempo de meditación. Esto se ve recompensado, pues la capacidad de estar presente en el aquí y el ahora se ve muy aumentada. Comenzamos a vivir en «modo mindfulness».

En plena naturaleza, esta sensación de disfrutar de todo es sencillamente inigualable. Elena experimenta y vive sus excursiones como un verdadero bálsamo que le aporta calma y bienestar.

» MEDITAR EN LA NATURALEZA

Hemos de aprovechar plenamente cada contacto que tenemos con la tierra y, por supuesto, podemos meditar en la naturaleza.

Para ello basta con poner en marcha los cinco sentidos:

- Llevando la vista a cada rincón, a la luz, a las diferentes formas y colores de lo que nos rodea.
- Aplicando el oído a cada sonido: el canto de los pájaros, el movimiento de las hojas al mecerse, la brisa, el viento, la lluvia.
- Prestando atención con el olfato a los distintos olores: el olor a húmedo, a seco o a verde, el aroma de las flores.
- Agudizando el sentido del tacto cuando los pies tocan la tierra, sintiendo como si la tierra nos masajeara los pies.
- Fijándonos en el sentido del gusto cuando saboreamos conscientemente el bocata o el té que nos llevamos para el almuerzo.

Después de unas horas de paseo por la montaña o incluso por un parque, respirando de forma consciente y observando las diferentes sensaciones que tenemos al alcance de la mano, la plenitud, la paz, el bienestar y el entendimiento de que todos somos naturaleza y pertenecemos a este universo hacen que nos sintamos la persona más feliz de la Tierra.

Hay investigaciones recientes que demuestran que estar durante un rato rodeado de naturaleza ayuda a reducir los pensamientos negativos, repetitivos e improductivos.[3,4]

La escucha consciente de los sonidos más simples de la naturaleza tiene un efecto particular en el cerebro, pues disminuye los instintos de lucha o huida, activa el sistema nervioso parasimpático y favorece una pronta recuperación tras un suceso estresante.

EVA Y LA TRISTEZA

No puedes evitar que el pájaro de la tristeza vuele sobre tu cabeza, pero sí puedes evitar que anide en tu cabellera.

Proverbio chino

NO HAY NADA MÁS CONMOVEDOR QUE UN NIÑO TRISTE

La tristeza es la emoción más compleja y más difícil de superar. Es una de las cuatro emociones básicas del ser humano, y se caracteriza por la apatía, la melancolía, la falta de interés por las cosas que antes gustaban, los pensamientos y sentimientos de «no sirvo» o «no merezco» e incluso por la falta de ganas de vivir que invaden a la persona que se siente triste.

La persona que experimenta esta emoción tiene un nivel de energía realmente bajo, y tiene la sensación de no poder hacer nada para cambiar esa situación que la ahoga y la hace sentir vacía.

Cuando se siente tristeza, el sentimiento de fuerza y de coraje que se necesita para salir de ella es muy débil. La tristeza se apodera de nosotros, comenzamos por no querer salir a la calle, no querer jugar o no querer levantarnos de la cama, y esto puede llevarnos a no tener ganas de vivir.

Los niños pequeños viven en atención plena de forma natural. Si sus necesidades básicas, que son recibir amor, cuidado y alimentación, están satisfechas, viven en el aquí y ahora pendientes de sus juegos y de su mundo.

Sin embargo, la tristeza también está presente en el mundo de los niños. Lo más normal es que se relacione con la pérdida de algo material, de sueños e ilusiones o de un ser querido, o que aparezca cuando se sienten solos o rechazados, cuando creen que han hecho algo mal o cuando viven algún acontecimiento doloroso.

Todos nos sentimos tristes si tenemos que aceptar una pérdida. La tristeza nos ayuda a digerir las pérdidas.

Es importante estar atentos a las emociones que van sintiendo nuestros hijos para poder ayudarles a reconocerlas, expresarlas y gestionarlas.

Al igual que con las demás emociones, cuando les invade la tristeza nuestros niños tienen que detectarla, expresarla y manejarla convenientemente a través de la regulación emocional. Tratándose de la tristeza y dependiendo de la intensidad de la emoción, incluso podrían necesitar la ayuda de un psicólogo.

Si las emociones no se atienden, se quedan enquistadas en nuestro interior, y el daño que ocasionan puede ser mucho mayor. Desde pequeños nos enseñan a reprimir la tristeza, pues no está bien vista, y a mostrar en su lugar únicamente alegría. Cuando observamos tristeza en los niños, de nada vale que nos lo ocultemos y se lo ocultemos o que minimicemos la situación.

Respetar los sentimientos del niño es fundamental, ya que el pequeño solo hablará si se siente seguro y nota que lo escuchamos atentamente. Es indispensable que pueda expresar cómo se siente e incluso que sea capaz de pedir ayuda profesional.

El apoyo de familiares y amigos es muy importante.

MI CORAZÓN ESTABA DOBLADO

Esta expresión tan impactante resonaba en la cabeza de Eva día tras día.

Con tan solo catorce años tuvo que afrontar, prácticamente sola, la grave enfermedad de su madre. Con un padre casi ausente y al ser la mayor de dos hermanas, toda la responsabilidad del cuidado de su madre recayó en ella.

El cansancio, la sensación de no poder más, las preguntas repetitivas de «¿Por qué pasa esto?» y «¿Por qué me pasa a mí?» y la pérdida y el vacío que dejó su madre poco a poco se fueron convirtiendo en un fuerte sentimiento de melancolía, de tristeza.

Un cúmulo de pensamientos, sentimientos y emociones no expresados anidaron en su mente y en su corazón durante cinco años.

La vida me puso en el camino de Eva cuando ella estaba en pleno proceso de duelo. Encontré a una adolescente muy perdida, totalmente descorazonada, con una actitud muy pesimista y que solo pensaba que la vida nunca le ofrecería nada bueno.

No quería hablar con nadie, pasaba mucho tiempo sola, las ganas de salir y de realizar actividades diferentes y propias de su edad habían desaparecido.

EVA CONSIGUIÓ ACEPTAR QUE SU MADRE SE FUE PARA SIEMPRE

En un primer momento Eva vagaba perdida en su mundo de tristeza, y era muy reacia a salir y reanudar sus actividades sociales. Poco a poco fue consiguiendo volver a quedar con sus amigas y retomar los estudios con ilusión.

Confiaba plenamente en su tía María, y le contaba gran parte de sus sentimientos.

Era la única persona con la que podía aliviarse y expresar lo que sentía.

Por otro lado, su mente se despejaba cuando escribía su diario. En él depositaba una descripción detallada de cómo se encontraba, de cómo había pasado el día y de los momentos más duros.

Escribir es un acto muy útil y beneficioso en situaciones difíciles. Podríamos decir que es un gran complemento de la regulación emocional, puesto que de alguna manera al escribir revivimos la emoción, lo cual es fundamental para que la emoción comience a dejar de habitar en nuestra cabeza.

Escribiendo recibimos y abrazamos a nuestros sentimientos, nos desahogamos. Una vez hemos abierto esta puerta a la tristeza, la emoción puede marcharse. Así plasmamos nuestros sentimientos en el papel y dejamos ir la tristeza.

Eva comenzó a practicar yoga en mis clases, y le expliqué minuciosamente en qué consistía la regulación emocional.

En un primer momento se mostraba reacia, pues como ya he explicado en otros capítulos hay que abrirse al sentimiento, a la emoción, aceptarla y vivirla, y cuando alguien está sufriendo hacer esto le cuesta mucho; de hecho la tendencia habitual es a tapar y evitar.

Después de practicar durante unas semanas las meditaciones de observación de la respiración y las sensaciones corporales para desarrollar la atención plena, Eva era capaz de detectar fácilmente los pensamientos de derrota y sufrimiento. Antes se dejaba invadir por ellos.

A Eva le resultaba fácil buscar la corporalidad de esa emoción. Un día tras otro, al final de ese encuentro íntimo consigo misma, Eva solo descubría un corazón doblado, partido, mustio. Cada día se abría a sus emociones con franqueza y valentía, aunque al principio lo que hallaba era desazón y angustia.

En unas semanas comenzó a sentirse un poco liberada de ese dolor, a tener la capacidad de pensar «Bien, hoy puedo tirar de mí misma», u «Hoy funciono».

Eva había comenzado a **aceptar**.

En este momento de su desarrollo interior, Eva incorporó la autocompasión (véase el capítulo 5) a sus meditaciones.

La autocompasión, según la define Vicente Simón en su libro *Aprende a practicar Mindfulness*, es darnos a nosotros el mismo cuidado, consuelo y serenidad que de forma natural hacemos llegar a quienes queremos cuando están sufriendo, fracasan o se sienten inadecuados.[5]

Eva añadió a su meditación el sentimiento de amor, de cuidado y de comprensión que le había dado su madre toda la vida. Para ella, su madre era una fuente de amor sincero hacia sí misma, que podía aliviar la sensación de vacío que tenía.

Eva lo quiso así: cada día, con las manos en el corazón, recurría a su madre para aliviar y sanar su pérdida. Y aunque el recuerdo le provocaba melancolía, también le sirvió para encontrar el punto de conexión y de unión con su madre, para establecer una vía de comunicación entre almas.

Gracias a la poderosa sensación de que, pese a no estar físicamente, su madre estaba presente espiritualmente y de recibir su consejo y ayuda cuando lo necesitaba, Eva logró salir de su estado depresivo.

Según sus motivaciones y su intuición, cada persona puede elegir una fuente diferente de autocompasión y autocuidado. Las fuentes de autocompasión son como semillas que nos dan amor y nos ayudan a encontrarnos bien. Pueden ser un familiar con el que tengamos una relación especial, un maestro especial, un guía espiritual, un elemento de la naturaleza como el sol, un árbol o la Tierra, una mascota, e incluso a veces uno mismo se convierte en la fuente de amor.

Sin duda, la práctica, la constancia, la confianza y el compromiso de Eva con las meditaciones, tanto de regulación emocional como de autocompasión, hicieron que aceptara su situación.

Solo a partir del momento en que uno acepta la situación se puede comenzar a percibir de otra manera. Es cuando aparece la **resiliencia**, que consiste en sentirse más fuerte, más seguro, más maduro, en tener la sensación de crecer con las adversidades de la vida y en adquirir la certeza de haber aprendido algo importante.

_Meditación de regulación de emociones y autocompasión para Eva (audio 11)

Acomódate, siéntate en la silla o el cojín de meditación con la espalda recta, pero sin ponerla en tensión.

Durante unos minutos puedes observar tu respiración, ve notando como cada vez estás más calmada y más atenta (2-3 minutos).

Sé consciente de tu emoción y de los pensamientos que la acompañan. Identifica los pensamientos que hacen que te sientas mal.

¿Cómo te sientes? ¿Qué piensas? Si lo deseas puedes escribirlos.

Respira profundamente un par de veces, con espiraciones largas y suaves.

Observa si hay alguna zona de tu cuerpo más tensa, con dolor, palpitaciones, calor, sudor..., esto significa que la emoción difícil se manifiesta allí, y tienes que fijarte en esta zona durante unos minutos.

¿Me puedes decir lo que sientes en esta zona? Por ejemplo, si te detienes en el pecho, préstale atención y ve describiendo cada tensión, dolor, opresión, etcétera.

Mantén esta observación el tiempo que sea necesario hasta que la sensación comience a desaparecer.

Una vez esta sensación física ha desaparecido, notas una sensación de calma y paz.

Permanece unos minutos más con las manos en el corazón, y visualiza tu figura materna para darte autocompasión. Imagina una luz cálida y dorada que te impregna de lleno y empápate de ese sentimiento.

Puedes dedicarte estas frases:

– *Recibo todo el amor que siempre me has dado.*
– *Me quiero y me cuido.*
– *Soy feliz.*

Haz un par de respiraciones profundas y completas, lleva el aire hasta el abdomen, y ve espirando suavemente hasta el final.

JULIA Y LOS CELOS

Nuestra situación puede ser percibida como el paraíso o el infierno: todo depende de nuestra percepción.

Pema Chödrön

JULIA

En este apartado voy a contaros resumidamente parte de la historia de mi hija Julia.

La atención plena que le dedicamos tanto mi marido como yo ha sido crucial en el desarrollo y evolución personal de Julia.

El primero de noviembre de 2006 nos llamaron de la agencia de adopción. Ya teníamos a nuestra niña asignada. Era lo único que sabíamos, que era una niña y que teníamos que volar a Ekaterimburgo (Rusia). Nada más, ni una foto.

El 18 de noviembre nos presentamos en la casa cuna de Kamensk para conocer a Yulá (Julia), que casualmente ese día cumplía dos años: ¡qué felicidad, solo nos habíamos perdido su primer cumpleaños!

Plasmé por escrito todos mis sentimientos y emociones en un diario para poder contárselos.

Por aquel entonces yo llevaba cuatro años practicando yoga y meditación, lo

suficiente para haber desarrollado mi intuición y tener la certeza de que Julia y yo estábamos destinadas a ser madre e hija. A pesar de no tener apenas información sobre ella, de no conocer las costumbres ni el idioma de Rusia, sabía que todo iba a ir bien. Confiaba plenamente en todo, en la agencia de adopción, en Natalia (la traductora), en las autoridades rusas y en el universo.

Ese momento de mi vida fue único.

La intuición y el sexto sentido desarrollado meditación tras meditación me hacían entender que todo era como tenía que ser: la seguridad, el bienestar, la sensación de calma y paz.

Supe que debía transmitir todos mis conocimientos de meditación y yoga, así como mi capacidad de introspección y de aprender a acceder al propio ser, a aquella niña rubia de mirada dulce y esquiva, con la que ya me sentía unida desde otros tiempos.

La llegada a mi vida de mi hija Julia me cambió.

Hasta entonces mi vida giraba a mi alrededor. Mi marido, mi trabajo, mi familia, mis viajes, todo bien, todo en orden.

Julia me transformó. Ahora mi vida giraba a su alrededor. Ella era lo que realmente me importaba.

Julia me enseñó el significado de la generosidad, de la humildad, de la compasión, de la ternura y de la paciencia.

Julia me enseñó que el amor es infinito, me enseñó qué es el amor incondicional.

Ella me dio mucho, muchísimo. Mucho más que yo a ella.

Poco después de su llegada entraron en acción otros personajes: el resto de los niños de mi entorno, mis sobrinos y los amigos de Julia. Comencé a darme cuenta de los celos que Julia tenía cuando yo atendía a los otros niños. Ella lo pasaba fatal.

La formación que recibí sobre yoga para niños me vino realmente bien, pues inventé juegos y meditaciones para ella, que luego pude utilizar con otros niños que necesitaban apoyo. Con gran satisfacción aprendí a ayudarles cuando les hace falta, cuando aparecen las emociones difíciles que quiebran la alegría, la inocencia y la espontaneidad de nuestro gran tesoro: los niños.

LOS CELOS

Los celos son una reacción emocional muy conocida entre aquellos que se aman y que por alguna razón creen que un peligro amenaza su relación. Se trata de un mecanismo de defensa que surge de forma natural, aunque las personas más inseguras son más propensas a sentir celos.

Una de las características de los niños adoptados que llegan con una mochila llena de emociones contradictorias es que necesitan una dosis extra de amor y cariño. Todos los niños precisan amor y cariño, pero los que han carecido de ello durante un tiempo y de repente lo encuentran, lo primero que sienten es el miedo a perderlo.

El amor de los padres o el amor de una madre es insustituible. Y cuando se presentan ocasiones en las que la atención y el amor se divide o diluye, surgen la inseguridad y los celos.

ESTRATEGIAS DE JULIA PARA CANALIZAR LOS CELOS

Mi experiencia con el amor incondicional e infinito por Julia, que le expresé y demostré, fue muy positiva.

Ella necesitaba sentir, oír, confiar y creer que nuestro amor era para siempre. Pedía contacto, abrazos, mimos y cosquillas; su mejor momento del día era la hora de irse a la cama, cuando simulaba no tener sueño y prolongaba los abrazos para estar más tiempo con nosotros. Se dormía relajada y feliz, con una sonrisa en la cara que iluminaba todos mis días.

Estoy aquí para ti.
Eres mi cielo, eres mi sol, eres mi vida
y eres mi luz,
Nunca albergues dudas: lo más
importante eres tú.
Cada atardecer me pides un cuento.
Lo entiendo, quieres prolongar el tiempo.
Soy feliz cuando te duermes y respiras.
El brillo de tus ojos y tu sonrisa iluminan
mis días.
Tus besos y cálidos abrazos me
acompañan de noche.
Una misma alma para dos corazones.

Julia nunca se cansa de besos y abrazos, y hablo en presente porque hoy en día sigue demandando ese contacto, esa presencia.

En aquella época mis viajes de trabajo eran constantes, de modo que busqué una forma muy original de estar en contacto las dos: la piedra luna. A las nueve de la noche, cuando estábamos separadas, Julia y yo cogíamos cada una nuestra piedra luna entre las manos, contactábamos mentalmente y nos sentíamos la una a la otra.

De alguna forma el dolor de la ausencia se mitigaba con ese sentir.

«Te escucho, te siento, te veo y te huelo. Llora si quieres, hija mía, mas no sientas pena porque estoy contigo, más cerca que nunca.»

Esto le hizo llenar el vacío que traía, aumentar su confianza en ella misma, su autoestima y su seguridad.

Con nuestras conversaciones le hacía comprender que ella tenía todo mi amor, y que cuando estaban presentes los otros niños yo tenía que cuidarlos y atenderlos igual que a ella. Lo entendía y aceptaba bien, pero su actitud y corporalidad cambiaban cuando aparecían sus primas o sus amigas y les demostraba mi cariño.

Entonces era necesario que yo estuviera atenta y estuviera presente para hacerle saber que sus pensamientos y emociones se estaban haciendo grandes y que por ese motivo se sentía tan mal.

Julia y yo teníamos y tenemos un código de comunicación: una mirada con un simple guiño de ojos y ella ya entendía que tenía que parar los pensamientos que le acarreaban inseguridad, los pensamientos que decían: «A ella la quiere más que a mí», «¿por qué a mí no me da el trozo más grande si soy su hija?», «¿por qué no me tiene ahora en brazos?»…

A Julia le cambiaba la cara, era muy fácil darse cuenta de cuáles eran sus sentimientos en esos momentos.

Cuando sucedía esto, respiraba dos o tres veces, reflexionaba sobre sus pensamientos y comprendía que estaban fuera de la realidad. Conseguía calmarse observando su respiración y otras sensaciones corporales, como el roce de sus dedos pulgar e índice, o el corazón acelerado.

La demostración de mi amor incondicional, las conversaciones y los guiños de ojos hicieron que Julia poco a poco fuera entendiendo y recapacitando.

En el momento en que se presentaban las emociones provocadas por los celos, ella sabía lo que debía hacer. No se trataba de otra cosa que una regulación emocional más, o una pausa de tres minutos, llevada a cabo tal y como expliqué al principio de este capítulo.

» PAUSA DE 3 MINUTOS PARA GESTIONAR LOS CELOS

Después de la mirada y del guiño de ojos, Julia tenía que parar; parar y reconocer sus pensamientos. Debía entender que sus pensamientos de inseguridad le estaban haciendo sentirse muy mal y que eran producto de su imaginación.

Tormenta y poca visibilidad. Es muy importante darse cuenta de esto; pues si no lo vemos, nos perdemos en la tormenta emocional.

Con el tiempo y gracias a las prácticas de yoga y meditación, Julia ha ido desarrollando su atención, y ahora es capaz de identificar ella misma estas situaciones, que afortunadamente cada vez son menos.

Una vez era consciente de que sus pensamientos la estaban secuestrando, respiraba profundamente un par de veces. Podía distinguir su enfado y sus celos.

Y a partir de ese momento comenzaba la búsqueda de las manifestaciones de esos pensamientos en el cuerpo. Bajaba desde la mente, en el ascensor, hacia su cuerpo, y hallaba signos tales como sudor, la cara enrojecida, el corazón acelerado y los músculos contraídos.

Se detenía el tiempo preciso para sentir esas corporalidades y dejarlas ir. Una vez terminada la búsqueda por todo su cuerpo, los nubarrones del sentimiento de celos y enfado habían desaparecido. Su cielo volvía a ser luminoso y de color azul, y una sonrisa hacía brillar de nuevo su cara.

La estrategia de la regulación emocional puede aplicarse a todas las emociones. Solo hace falta estar atentos y reconocerlas para emplear esta técnica.

Actualmente los episodios de celos en Julia prácticamente han desaparecido, aunque a veces manifiesta cierta inseguridad, que ahora sabe gestionar.

Sin duda, todas estas experiencias la han hecho madurar emocionalmente y convertirse en una adolescente cada día más segura de sí misma.

JIMENA Y EL BULLYING

El deseo, el odio y las demás pasiones son enemigos sin pies ni manos; no son valientes ni inteligentes; ¿cómo he podido convertirme en su esclavo?

SHANTIDEVA

LA SOCIEDAD EN LA QUE VIVIMOS

Jimena, Jorge, Elena y un largo etcétera. Es alarmante el aumento del número de casos de acoso y violencia en el ambiente escolar. Se estima que el 23 % de la población escolar española sufre acoso.[6]

El final de la etapa infantil y el inicio de la adolescencia es un periodo de cambios emocionales profundos y complejos. Si a esta transformación que viene marcada por cambios hormonales, mentales y físicos se le añaden situaciones tan degradantes y humillantes como el bullying, el cóctel puede ser explosivo. En muchas ocasiones los comportamientos de acoso empiezan en edades más cortas.

Las emociones que aparecen cuando hay acoso son un sumatorio de muchos sentimientos difíciles: frustración, rabia, tristeza, miedo, dolor, preocupación, indignación, y otros más. La familia entera se descompone, pues los padres viven con sus hijos la preocupación y la impotencia. En muchas ocasiones surge la diferencia de opiniones entre los progenitores y se ha de reconstruir el núcleo familiar.

Lo que más llama la atención es la violencia física, que es la punta del iceberg, pero el 90 % de los casos de bullying lo conforman los incidentes con violencia psicológica. Estos son los casos difíciles de detectar, ya que el niño, aunque cambia de comportamiento, se mantiene callado y no denuncia a sus agresores, normalmente por miedo y porque recibe amenazas.

Las herramientas de regulación emocional que acabamos de presentar son importantísimas, pero no basta con saber regular las emociones, pues los niños que han tenido la mala fortuna de sufrir acoso tienen una característica común, que es la baja autoestima y el sentimiento de inseguridad que genera esta situación.

Por lo tanto, dos de los recursos que se exponen en este libro, la regulación emocional y el trabajo de la autoestima y la autocompasión, son básicos y vitales para que el niño o adolescente salga indemne, o con el menor número posible de secuelas, de la situación de acoso.

En muchas ocasiones, y dependiendo del daño psicológico que sufra el niño, será precisa la atención de un psicólogo.

Afortunadamente, cada vez se habla más de este tema. En los colegios, el bullying no es una cuestión que se pase por alto, pero existe incertidumbre sobre si todos los centros educativos cuentan con la infraestructura necesaria para darse cuenta de todo lo que acontece dentro de las aulas.

¿Se asumen realmente los molestos y mal vistos casos de bullying?

¿Se conoce a cada niño que acosa, y a cada niño que sufre?

¿Se ponen las medidas suficientes para mejorar la convivencia en los centros?

¿Son eficaces los protocolos antiacoso?

Es imprescindible dar ayuda al niño aco-sado, aunque en un principio lo común es no hablar del tema porque hay miedo, y además pervive el pensamiento erróneo de que no tenemos derecho a defendernos. Al niño que denuncia amenazas e insultos se le cuelga el cartel de chivato y se le genera la sensación de ser diferente, de ser raro. Por eso, la mayoría de ellos lo que desean es ser invisibles.

Las consecuencias que sufren los niños acosados en muchas ocasiones serán para toda la vida, pues tendrán una autoestima débil y serán proclives a sufrir otros tipos de abusos en otros ámbitos: en las relaciones familiares y de pareja, las laborales o las sociales.

Y yo no puedo dejar de preguntarme:

— ¿Qué pasa por la cabeza del niño que acosa? ¿Cuáles son los motivos que llevan a un niño o adolescente a agredir o acosar a un compañero? ¿Cuál es la forma de entender la vida de ese pequeño delincuente?

— Pretendo llegar a la conciencia de los padres del acosador: ¿qué valores le han inculcado a su hijo? ¿Hay violencia en su casa o simplemente se trata de pasotismo? ¿En qué clase de ambiente vive el acosador? ¿Por qué los padres del acosador nunca saben nada? Y lo que es peor, ¿por qué lo defienden? Es preciso entender que quien responde «Son cosas de niños» lo que está haciendo es mirar hacia otro lado.

- ¿Por qué el acosador siempre tiene su séquito? ¿Por qué hay niños que siguen a un supuesto líder, que aparentemente es el más fuerte, y no son conscientes del daño que ocasionan al intimidado? ¿Qué clase de cualidades habitan en la mente de estos pequeños seguidores y consentidores de la violencia?
- ¿En qué clase de sociedad vivimos? ¿Por qué hay tanta falta de empatía y un agujero tan grande en la educación en valores?

Las respuestas a muchas de estas preguntas han sido ya planteadas en el presente libro.

Estamos inmersos en una sociedad narcisista, que nos enseña a vivir únicamente pendientes de lo externo y a consumir, y en la que las máscaras y los disfraces son más importantes que conocernos a nosotros mismos.

Nuestros jóvenes son educados para parecer más listos, más guapos, más altos y con más éxito. ¿Y dónde queda la persona? ¿Dónde se aprende que lo que realmente nos da felicidad es vivir plena y conscientemente el día a día? ¿Dónde enseñan que ser amable y tratar de hacer el bien al prójimo también nos hace felices a nosotros mismos? ¿Quién enseña a conocernos a nosotros mismos y a desarrollarnos personalmente? ¿Con quién descubrimos nuestros dones y nuestras capacidades? ¿Quién nos enseña humildad y respeto? ¿Dónde se aprende a ser, a vivir presentes?

EL PERFIL DEL ACOSADOR

El acosador suele tener unos rasgos psicológicos comunes, y suelen mostrar:

- Falta de empatía, lo que genera una falta de sensibilidad respecto a los demás y se convierte en la causa de las agresiones continuas.
- Envidia, cuando percibe que otro puede poseer dones de los que él carece, y necesita sentirse superior empleando la agresión.
- Falta de moral, y es mentiroso y manipulador.
- Ausencia de responsabilidad en sus actos.

Por otro lado, los acosadores pueden ser víctimas de maltrato o de errores en su desarrollo educativo. También pueden haber pasado mucho tiempo a solas (y haber sufrido abandono emocional). Estos niños se hacen visibles mediante el maltrato.

Además, eligen muy bien a sus víctimas, a pesar de que no hay un perfil de víctima definido. Para convertirse en víctima basta con tener alguna característica que la distinga de los demás y tener la mala suerte de cruzarse con el acosador.

LA VÍCTIMA

La víctima no tiene un carácter determinado, aunque no suele tratarse de una persona débil, ni física ni psicológicamente.

En la víctima normalmente hay algo que produce un efecto señuelo, algo que distingue a esta persona de las demás. En qué consista la diferencia es lo de menos, y tanto puede ser que se trate de alguien muy alto o muy bajo, que pueda tener muy buenas calificaciones o que las tenga muy malas, que sea rubio, o moreno o pelirrojo, o que lleve un aparato en la boca. Cualquier diferencia es suficiente para tacharlo de raro.

La diferencia no es lo importante para victimizar, sino que hace falta un primer acosador que subraye esa diferencia.

El niño que es acosado normalmente no cuenta lo que le ocurre, aunque los síntomas que presenta son muy claros:

- Falta de pertenencia a un grupo.
- Autoestima muy baja, sensación de que no vale para nada.
- Silencio, tristeza.
- Desmotivación.

De nuevo se hace patente la necesidad imperiosa de saber escuchar a nuestros hijos, si nuestro hijo no quiere ir al colegio bajo ningún concepto, será por algo.

JIMENA

El carácter de Jimena no tiene nada que ver con el de una niña débil. Es fuerte, inteligente y segura de sí misma. El brillante expediente académico, la capacidad para la colaboración y el sentido de la responsabilidad fueron, en su caso, las diferencias que llamaron la atención del acosador.

Unos buenos resultados en el segundo curso de la ESO, un comportamiento ejemplar, aptitudes espectaculares para la música con conciertos de guitarra como solista y en grupo, una habilidad extraordinaria para los idiomas y la escritura. Con estas cualidades podríamos hablar de una adolescente feliz, trabajadora, segura y satisfecha consigo misma.

Pero no. Jimena estaba siendo víctima de acoso escolar. Sus compañeras se habían encargado de potenciar las diferencias. Y de dañar, herir, insultar y hacer el vacío.

Jimena no padeció ningún tipo de secuelas psicológicas, pero sí situaciones emocionalmente complicadas: incomprensión, dolor, rabia, frustración y tristeza, todo a la vez.

Jimena se desplomó cuando estábamos pasando un estupendo sábado del mes de mayo en la casa que los abuelos tienen en el campo.

Sin venir al caso, se echó a llorar desconsoladamente. Todos nos alarmamos un poco y comenzamos a preguntarle qué le pasaba.

Al principio no quería hablar, pero pronto comenzó a explicar lo que ocurría. Jimena nos contó cómo había sido su curso y las vejaciones a las que había estado sometida. Afortunadamente, Jimena exteriorizó el problema, habló con sus padres y habló con su tutora, y la situación se pudo cortar antes de que fuera a peor.

Pero ahí seguían las emociones, latiendo con fuerza, escondidas, bien guardadas, y debajo de una apariencia de adolescente segura y fuerte se encontraba una Jimena desconsolada que había llegado a su límite.

Necesitaba airear, gestionar y sanar los sentimientos de enfado, rabia, incomprensión, desesperación, tristeza y soledad que había albergado durante los últimos meses. Había sido un periodo caracterizado por la resistencia, por el «Yo soy fuerte y no me importa lo que digan o hagan las demás», por las lágrimas escondidas en la garganta, y en muchas ocasiones por el «No se lo cuento a mis padres para no disgustarles ni preocuparles».

Tapar, esconder y evitar emociones tan fuertes fue para Jimena una bomba de relojería. Lágrimas y más lágrimas.

A Jimena le hacía falta un baño de autoestima, cariño y comprensión, y esto es lo que me surgió:

¡Tan solo quiero enseñarte lo que vales, mi amor!
No mereces sufrir por la idea errónea y malvada que otros puedan tener de ti.
Cuando los corazones no son correspondidos, y no hay atisbo de entendimiento, te preguntas si debes seguir poniendo todo tu ser en esa relación. Por desgracia, el respeto, la educación y los valores no se aprenden en un día. ¿Merece la pena continuar sufriendo? Eres única e irrepetible, igual que cualquier ser humano, sí, y no mereces seguir así.

Hoy quiero enseñarte a quererte, respetarte y hacerte fuerte ante las adversidades de la vida. A entender que no tienes que gustar a todo el mundo. A comprender que siempre habrá personas que encarnarán el bien y el mal.

Quiero decirte que la vida te dará a alguien tan especial como tú, que te valorará por lo que eres, y no por lo que pareces.

Quiero que entiendas que estás en la edad en la que todo se te hace un mundo; ahora tus emociones te secuestran y te invaden. Pero afortunadamente hay solución.

Verás como los nubarrones de tormenta que acechan pronto pasarán y dejarán un cielo azul y primaveral.

Volverás a ser la que eras, a sentirte plena y a gusto contigo misma.

Has de entender que tú puedes darte a ti misma ese amor y consuelo que ahora necesitas y que sueles dar a tus seres queridos cuando lo precisan.

Y que esto te proporcionará una paz y una calma infinitas, un bienestar absoluto, te sanará emocionalmente hablando.

¿NOS PONEMOS A ELLO?

Aquella tarde tuvo lugar mi primera sesión con Jimena. Debo decir que se encontraba emocionalmente muy, muy alterada, y aunque pudiera parecer que lo mejor era dejarla y que se fuera calmando ella sola poco a poco, decidí actuar para que empezara a llevar las riendas de sus emociones sintiendo y recordando.

Jimena superó aquella situación, habló y exteriorizó sus pensamientos gracias al apoyo y la comprensión de sus padres.

Después de ese episodio tan enriquecedor para mí, para ambas, por el amparo y cuidado que pude ofrecer a Jimena, ella ha seguido practicando meditaciones de observación de la respiración, regulación emocional y autocompasión que la ayudan a reafirmarse, a tranquilizarse y a quererse más cuando revive la situación.

Tratándose de una joven tan responsable y comprometida con lo que le funciona, el grado de madurez adquirido después de esta situación fue enorme. Es consciente de que los problemas no se han acabado, pero ahora sabe afrontarlos desde dentro, mirarlos de frente y dejarlos ir.

» ATENCIÓN, REGULACIÓN EMOCIONAL Y AUTOCOMPASIÓN

Jimena tenía que calmarse antes de emprender ninguna otra técnica, y para ello, nada mejor que observar su respiración.

Así pues, comencé a llevar a Jimena, que estaba sentada en un sofá con la espalda recta y los ojos cerrados, a un estado de equilibrio.

Los primeros 3 o 4 minutos los dedicó a sentir su cuerpo entero, como un bloque, para luego centrarse en la observación de su respiración.

Observaba su inspiración, las sensaciones que se producen cuando el aire entra por las fosas nasales, las sensaciones que aparecen en la pausa al final de la inspiración, las sensaciones que provoca el aire cuando sale, el roce del aire con la punta de la nariz o la zona de encima de la boca.

Durante 5 minutos Jimena se mantuvo observando su respiración, su calma fue tornándose muy evidente, su respiración se había tranquilizado.

A partir de ese momento comenzamos la regulación emocional.

No le fue difícil volver a los pensamientos y emociones que había estado ocultando todos esos meses, meterse de nuevo en la tormenta emocional, pero esta vez para sanar las emociones.

Le pedí que buscara sensaciones en su abdomen, en su tripa, en la boca del estómago, y encontró dolor y opresión en la boca del estómago. Se quedó experimentando esas sensaciones un par de minutos hasta que fueron calmándose.

La llevé a su pecho para que buscara otras sensaciones. Encontró opresión y un ligero dolor en la periferia del corazón. Allí permaneció unos minutos, mientras me definía cómo era esa sensación. Jimena verbalizaba sus sensaciones lo más detalladamente posible: notaba dolor y le parecía tener el corazón encogido.

Posteriormente viajó a su garganta, donde encontró una sensación de ahogo, de nudo. Estuvo dos minutos centrada en esa sensación hasta que se fue.

Por último recorrió toda su espalda, desde la zona lumbar hasta las cervicales, y descubrió dolor en la parte alta debido a algunas contracturas. Estuvo atenta y concentrada en estas sensaciones, recibiendo atentamente el dolor, respirando suavemente hasta que, finalmente, se hicieron más débiles.

Jimena ahora se encontraba mucho más relajada y liberada. Se había quitado un gran peso de encima, localizado sobre todo en la cabeza. Los pensamientos negativos sobre su propia situación de acoso habían desaparecido.

En estos momentos era necesario que supiera darse autocompasión y amabilidad a sí misma, e iniciamos esta práctica en la última parte de la meditación.

Con las manos en el corazón, comenzó a dedicarse amor, cariño y comprensión, se dejó invadir por ese sentimiento de calor, calma y paz, y descubrió que podía dárselo a sí misma: «Acepto mi vida tal como es, me acepto, me quiero y me cuido».

Prolongó esta meditación durante unos 5 minutos, y al terminar había entendido que ella misma podía ayudarse, que ahora poseía una herramienta para la gestión emocional muy valiosa; había aprendido a dejar ir pensamientos y sentimientos que no la beneficiaban. Pero sobre todo había aprendido a dejar ir a personas a las que no necesitaba y que nunca iban a saber valorar una verdadera amistad.

> ¿Cómo ayudar a los demás a descubrir su sabiduría, su bondad y su sentido del humor? Es un desafío mucho más grande que acusar, odiar y pasar a la acción.'
>
> Pema Chödrön

CAPÍTULO 4

COMO SEMBRAR LA AUTOCOMPASIÓN Y COMPASIÓN EN LOS NIÑOS

La verdadera compasión consiste en amarnos a nosotros mismos, en respetar nuestras necesidades, nuestros límites y nuestras capacidades reales.

JACK KORNFIELD

Hasta ahora el objetivo de este libro ha sido procurar un mayor bienestar y equilibrio emocional mediante el desarrollo de la atención y las técnicas de regulación emocional.

Todas las meditaciones y prácticas que habéis realizado con los niños son básicas y fundamentales para, primero, daros cuenta de lo que ocurre, y, segundo, saber qué hacer cuando os sentís invadidos por situaciones emocionales complejas.

En cambio, este capítulo y el próximo siguen un planteamiento más espiritual, es decir, en ellos veremos de qué modo las prácticas de meditación que el niño ha realizado hasta ahora y las que vienen a continuación le ayudan a ser más amable consigo mismo y a la vez ser mejor persona.

REFLEXIÓN: EL PELIGRO DE LA AUTOCRÍTICA

Ya hemos comentado en otros capítulos que la forma de vida actual es difícil, las complicaciones y los problemas son el denominador común del día a día de muchas personas. Todos los seres humanos, sea cual sea nuestra condición social, en algún momento de nuestra existencia, antes o después, viviremos episodios de sufrimiento, enfermedad, abandono, pérdida de seres queridos o de nuestra posición social, etcétera.

El estilo de vida actual resulta muy competitivo y duro también para los niños. Mientras nuestros hijos son pequeños, y prácticamente sin darnos cuenta, vinculamos su felicidad a la consecución de los objetivos que tengan, tanto si son académicos o deportivos como personales. Ya desde bien pequeños se les pide que asimilen determinados contenidos con estrictas metas académicas. Nuestros días por lo general están sobrecargados laboralmente y disponemos de poco tiempo para estar con los hijos, que en más ocasiones de las que desearíamos pasan demasiadas horas frente al televisor o en internet y están saturados de actividades extraescolares que rellenan esas horas de vacío familiar.

Cuando la consecución de objetivos es lo primero, sin quererlo estamos esperando de nuestros hijos que sean mejores que los demás, y así lo que hacemos es inflar su ego, fomentar que se sientan superiores a los demás.

Pero ¿qué pasa cuando encuentran a alguien más inteligente, brillante o guapo, o mejor deportista? Los niños aprenden a «hacer para conseguir», lo cual está muy bien cuando lo que tenemos entre manos son exámenes, trabajos, informes, etcétera. No obstante, acostumbrados al «hacer-hacer», los niños aprenden a resolver sus problemas personales poniéndose objetivos y buscando las soluciones fuera de ellos, en el exterior.

Sin embargo, es posible encontrar soluciones dentro de nosotros, solo tenemos que parar, relajarnos y escucharnos. Para eso aprendemos a meditar, para conocernos habitando nuestro ser.

Si la cabeza del niño no está bien amueblada, y con eso me refiero a tener valores y disponer de recursos para gestionar sus emociones, aparece la frustración, la auto-crítica, la vergüenza; aparecen los pensamientos negativos para quedarse e instalarse, y, como ya hemos visto, surgen las emociones más complicadas, o sea, la ira, la tristeza, la envidia y el miedo, y si no se sabe cómo gestionarlas, permanecen.

Todo esto se agrava cuando en la educación de los niños predomina la crítica por parte de los padres o educadores. En estos casos estamos creando futuros adultos autocríticos, es decir, infelices, insatisfechos e inseguros.

Los niños y adolescentes interiorizan profundamente los comentarios descalificadores que les hacen una y otra vez sus padres, familiares, tutores o educadores, y esos mismos comentarios son los que aparecerán en su cabeza en los momentos difíciles de la edad adulta, y darán lugar a psicopatologías, adicciones y conductas temerarias.

El niño crece pensando que ha de ser perfecto para que le quieran, pero como la perfección es imposible, criamos niños inseguros y que toleran mal la frustración.

Hemos de tener en cuenta que la autocrítica es devastadora, no aporta ningún beneficio. Lo que consigue es que los niños se sientan en el fondo de un pozo cada vez más y más profundo, desolados, perdidos, inadaptados y sin energía para salir. En este momento, la culpa, además de adueñarse de nuestros hijos, puede anidar en nosotros, los padres.

El sentimiento de culpabilidad aparece cuando no se acepta la situación que se vive y a eso se le añade el sentimiento de perfeccionismo y de que uno no puede equivocarse.

Lo peor es que cuando nos culpamos, nos estamos negando el derecho a la autocompasión y nos asaltan pensamientos del tipo «Me he equivocado, no merezco compasión, merezco sufrimiento», propios de la baja autoestima y el autocastigo.

No nacemos con la capacidad, irreal, de no fallar o no equivocarnos, de hecho el aprendizaje lo extraemos de la sucesión de un error tras otro.

También se puede haber caído en la trampa de echar la culpa a los demás, de pensar «Yo no soy responsable de nada, son los otros los que tienen la culpa de todo lo que me ocurre». En este caso, el proceso de aprendizaje, de crecimiento como persona, es casi imposible, además esta actitud nos garantiza una vida miserable.

La educación, el ambiente y la cultura en los que crecen y se desarrollan los niños desempeñan un papel muy importante, pues cuando predomina la autoestima sana, la autocompasión y la amabilidad con uno mismo los resultados tanto personales como académicos son bien diferentes.

Es una cuestión de respetarse a uno mismo, de quererse y de aceptarse sin necesitar compararse con los demás para ello.

AUTOCOMPASIÓN Y COMPASIÓN

Normalmente cuando vemos que un amigo o familiar al que queremos sufre, le damos compasión. Lo cuidamos, abrazamos, animamos, queremos. Nuestro objetivo es ayudarlo a que se encuentre bien y sea feliz.

La autocompasión es procurarnos a nosotros mismos consuelo, cariño, apoyo y amabilidad cuando no estamos bien. Aunque sabemos mostrar este tipo de sentimientos a nuestros familiares y amigos, lo más normal es que no lo hagamos con nosotros.

Según comenta Kristin Neff en su libro *Sé amable contigo mismo*, la compasión hacia uno mismo es la alternativa perfecta a la búsqueda incansable de la autoestima insana o ego. La autocompasión nos ofrece la misma protección que una autoestima alta contra la autocrítica destructiva, pero sin la necesidad de tener que sentirnos perfectos o mejores que los demás.[1]

La autocompasión supone una vía inigualable para procurarnos a nosotros mismos bienestar, paz y satisfacción personal. Con autocompasión aprendemos a perdonarnos por nuestros errores, a sanar heridas emocionales, a transformar el sufrimiento en aprendizaje. Es descubrirnos a nosotros mismos de forma sincera, aprender a querernos y aceptarnos con nuestros fallos y virtudes.

La compasión es el sentimiento de cuidado, amor y cariño que brota en nosotros cuando vemos sufrir a quien queremos. Normalmente va acompañado de acción, es decir, ante el dolor sentimos compasión y actuamos con el fin de ofrecer nuestra ayuda y colaboración a la persona que padece.

El concepto de empatía está muy relacionado con el de compasión, pero no es lo mismo. La empatía es ponerse en el lugar de la otra persona y percibir su mundo como si fuera el propio, sin embargo, no tiene por qué surgir en respuesta al dolor ajeno.[2]

Tampoco se trata de simpatía. La simpatía se define como la «inclinación afectiva entre personas, generalmente espontánea y mutua» (RAE). La simpatía no implica percibir el mundo de la otra persona como si fuera el propio, ni llegar a ningún tipo de acción para ayudar.

El altruismo también está relacionado con la compasión, aunque es distinto. El acto de compasión siempre es altruista, en cambio, muchos actos altruistas no son compasivos, es decir, no se realizan percibiendo el sentimiento de dolor ajeno.

La lástima es compasión con sentimiento de superioridad respecto a la persona que sufre.[3]

Por último, el amor, entendido como bondad amorosa (*metta* en idioma pali antiguo) o amor incondicional y no como amor romántico, es compasión. Según el Dalai Lama, compasión es amor en respuesta al sufrimiento. El budismo ha hecho de este concepto su esencia espiritual.

El sentimiento de compasión, que entrenamos en las prácticas de compasión, nos enseña a desear que todos los seres humanos sean felices, sientan bienestar y estén libres de sufrimiento. Se trata de un sentimiento de amor, responsabilidad y respeto que no obedece a un mero concepto; cuando realmente cultivamos estos sentimientos comenzamos a sentirnos diferentes, es decir, compasivos. Asumimos así nuestro propio sufrimiento unido al sufrimiento de todos los seres, deseando el bien, la paz y la felicidad, y entendiendo que todos formamos parte de un universo y estamos profundamente conectados. El Dalai Lama habla de «responsabilidad universal».

¿Cómo son las personas autocompasivas? Las personas autocompasivas por lo general tienen una mayor inteligencia emocional, experimentan menos emociones negativas que las personas no autocompasivas, gestionan mejor sus emociones y presentan más capacidad para mantenerse equilibradas.[3]

El hecho de tener menos pensamientos negativos dando vueltas en la cabeza hace que sepan mejor cómo afrontar esas emociones.

Además, las personas autocompasivas saben enfrentarse a sus problemas de forma más eficiente, saben animarse, motivarse y aprender cuando fracasan sin rozar el desánimo. Extraen enseñanzas de sus errores y se hacen más fuertes y seguras de sí mismas. Son menos ansiosas y se estresan y enferman menos.

Suelen irradiar felicidad, sentimientos de competencia, optimismo y sabiduría.

Todas las personas nacemos con las vías neuronales precisas para desarrollar la autocompasión. Gracias a ello podemos desactivar fácilmente el sistema de amenaza o sistema de lucha-huida. Recordemos que este sistema se pone en funcionamiento cuando percibimos un peligro o amenaza, activándose las zonas del cerebro que rige la amígdala, o lo que llamamos «cerebro reptiliano».[4]

Las personas autocompasivas, al proporcionarse autocompasión desactivan el sistema reptiliano y activan el de calma y seguridad, mediante la liberación de oxitocina. La oxitocina es una hormona que juega un papel muy importante cuando nos relacionamos socialmente. Se libera cuando experimentamos amor, compasión, cariño y bondad, y también cuando nos damos compasión a nosotros mismos. Nos hace sentirnos satisfechos, seguros y relajados.[5] A nivel bioquímico, contrarresta los efectos del cortisol, la hormona que se libera en situaciones de estrés y de autocrítica.

Afortunadamente, las cualidades que presentan las personas autocompasivas son cualidades que podemos sembrar en nuestros hijos. Lo veremos a lo largo de este capítulo.

AUTOESTIMA

Antes de entrar a detallar las prácticas que ayudan a formar niños autocompasivos, me gustaría diferenciar los términos «autoestima» y «autocompasión». Lo que he observado cuando organizo los talleres de mindfulness para niños, y también para adultos, es que normalmente estos conceptos se confunden. En general por autocompasión se entiende pena y lástima por uno mismo (un concepto que no suele gustar ni ser aceptado), y por autoestima, sentirse bien consigo mismo, ser competente en algo que para uno mismo tiene mucho peso o es valioso.

La autoestima implica darnos amor incondicional a nosotros mismos, respetarnos, aceptar nuestros límites, estar satisfechos con nosotros, considerarnos competentes, estar seguros de nosotros mismos, sabernos buenos en algo que para nosotros es importante. Es crucial revisar lo que es importante, por ejemplo, si el niño sabe que es bueno jugando al fútbol pero no le gusta el inglés, puede llegar a decidir que los idiomas no son importantes. Esta forma de aumentar su autoestima puede llegar a ser limitadora, si el niño se centra solo en lo que le gusta.

Cuando para adquirir una alta autoestima tenemos en cuenta cómo nos perciben los demás, y consideramos más importantes los juicios de las personas que no nos conocen que los de las personas cercanas a nosotros, carecemos de la capacidad de autovalorarnos a nosotros mismos o necesitamos compararnos con los demás para sentirnos bien. En estos casos lo que cultivamos es una autoestima insana, o ego. Y la autoestima sana es justo lo contrario del ego.

La autoestima insana nos parece valiosa porque genera episodios de felicidad. No obstante, esta felicidad que tiene como fuente el exterior puede ser muy dañina, pues hace estar siempre pendiente y expectante de los juicios positivos de los demás. Se generan personalidades narcisistas y egocéntricas, que esperan recibir admiración de los demás y cuya felicidad depende de si reciben o no esa admiración. En cambio, cuando lo que les llega del exterior son críticas, la respuesta suele llevar implícitas emociones como la ira, la tristeza o los celos.

Por lo tanto, la incansable búsqueda de una autoestima insana suele conllevar problemas de identidad.

Los padres deseamos que nuestros hijos alcancen un buen nivel de autoestima sana, deseamos criar a niños felices y seguros de sí mismos que sepan manejarse ante las adversidades de la vida y las situaciones que pueden conllevar mayor o menor complejidad, como examinarse, presentar proyectos en clase, futuras entrevistas de trabajo, exponer razonablemente los propios puntos de vista en una discusión...

Para ello hemos de tener mucho cuidado a la hora de valorar o calificar a nuestros hijos. Es una rutina muy eficaz, antes de emitir una valoración o regañina, preguntarle a nuestro hijo de manera abierta: «¿Cómo te sientes respecto a tu trabajo o proyecto?», «¿Cómo te sientes respecto a tu calificación?», «¿Cómo te sientes respecto a tu comportamiento con tu hermano, o tu amiga?». De esta manera lo que hacemos es fomentar la reflexión y motivación en nuestros hijos, les enseñamos a pensar, y es muy probable que ante estas cuestiones respondan positivamente, siendo conscientes de sus errores y buscando soluciones para los problemas. Evitamos juicios inoportunos o etiquetas falsas que pueden quedar en la mente subconsciente e impedir la consecución de la autoestima sana.

Si decidimos elogiar los logros de nuestros hijos, hagámoslo con aquellos que son fruto del esfuerzo y el trabajo duro. No se debe elogiar de forma indiscriminada, pues esto limita la posibilidad de que el niño revele todo su potencial. ¿Para qué se va a esforzar el niño, si recibe alabanzas múltiples por un trabajo mediocre?

La autoestima sana está muy cerca de la autocompasión, y, como hemos visto, no proviene de sentirnos bien considerándonos superiores a los demás, o dependiendo de los comentarios positivos de un tercero. Más bien se desarrolla a partir de las ideas que tenemos de nosotros mismos cuando estas vienen del corazón, de la aceptación de nuestras cualidades positivas y de nuestros límites.

La autocompasión y la autoestima sana van de la mano, y nos permiten aceptarnos como somos, con nuestros fallos e imperfecciones, aceptar nuestra situación vital, sea cual sea, y cuidarnos satisfaciendo nuestras necesidades.

Si tenéis compasión por vosotros y sabéis cómo cuidaros, fomentaréis la autoestima sana. La autocompasión se asocia a personas sanas tanto mental como físicamente y en las que el ego ha quedado al margen de sus vidas.

COMO MEDIR LA AUTOCOMPASIÓN

Según Kristin Neff,[6] la capacidad de compasión por uno mismo se mide valorando los tres componentes siguientes:

— La **amabilidad con uno mismo**: se trata de ser motivador, alentador y tolerante cuando las cosas no nos van bien, cuando tropezamos y nos sentimos imperfectos. Cuanta más amabilidad nos dispensemos a nosotros mismos, mayor será la autocompasión.
— **Humanidad compartida**: hemos de entender que no somos los únicos que sentimos tristeza, inadaptación o imper-

fección. La vida nos da muchas alegrías y placeres, pero al mismo tiempo todos los seres humanos pasamos por episodios de sufrimiento a lo largo de la vida. El hecho de ser conscientes de ello hace que entendamos que el sufrimiento forma parte de nuestra vida y que por lo tanto nos resulte más leve. Cuanta más conscientes seamos de las características que nos definen a los humanos, mayor será la autocompasión.

— Conviene aclarar que el grado de sufrimiento viene dado por la madurez psicológica que hayamos podido desarrollar con las prácticas introspectivas.

— **Mindfulness**: con las herramientas que desarrolla la práctica del mindfulness aprendemos a tratarnos y a cuidarnos de la mejor manera posible. El hecho de estar atentos y abiertos a nuestros sentimientos y tener la capacidad de experimentarlos de forma ecuánime, sin enjuiciarlos o culparnos, hace que seamos mucho más compasivos con nosotros mismos, dándonos el amor y el cuidado que sabemos que necesitamos. Cuanto mayor sea la práctica del mindfulness o atención plena, mayor será la autocompasión.

AUTOCOMPASIÓN Y COMPASIÓN EN LOS NIÑOS

En los niños y adolescentes, y también en los adultos, la práctica del mindfulness desarrolla tres habilidades:

— La primera es la capacidad de atención, que conlleva todos los beneficios que ya hemos ido comentando en los primeros capítulos de este libro y que podríamos resumir como capacidad de atención en nuestro día a día.

— La segunda habilidad es la capacidad de observación, que se agudiza. Es decir, ante una situación emocional difícil, podemos reaccionar de una forma que no nos ayude. Con el mindfulness vamos cambiando la reacción por la respuesta pausada, gracias a que nos volvemos más observadores.

— La tercera habilidad es la capacidad de autocompasión y compasión que se desarrolla a la vez que aprendemos a profundizar en nosotros mismos, mediante las meditaciones de atención que vimos y una serie de prácticas que vamos a ver más adelante. Son las meditaciones de autocompasión y compasión, también llamadas «meditaciones *metta*».

Los niños que ya se han iniciado en las prácticas de mindfulness habrán desarrollado a la par la capacidad de ser amables con ellos mismos y con los demás. Las prácticas específicas de autocompasión y compasión hacen que los niños sean más amables y compasivos de una manera más rápida, pues con ellas captan y entienden mejor estos conceptos.

Desde bien pequeños, los bebés ya muestran la naturaleza compasiva que los seres humanos tenemos en nuestra biología. La bondad, la compasión, la colaboración, el amor y el cuidado de nuestros semejantes forman parte de nuestra herencia genética.[7] No obstante, esta parte de la naturaleza de los bebés puede quedar infradesarrollada si no se trabaja.

Las experiencias en el seno familiar son muy importantes para que los niños desarrollen los hábitos compasivos.

El niño va creando su personalidad y el concepto que tiene de sí mismo desde que es un bebé. En la edad infantil van apareciendo los caracteres y las personalidades, y como ya comentamos al principio de este capítulo, es muy importante ir sembrando la autocompasión y la autoestima en los niños, así como evitar las críticas y los juicios negativos. El niño, gracias a la plena neuroplasticidad de su sistema nervioso, va creando vías neuronales para la autocompasión y la compasión, o para la autocrítica si se siente criticado.

Que los niños sean felices y sanos mentalmente o sean hipersensibles y con posibles problemas en el futuro depende mucho de los padres y educadores.

Cuando realizamos las prácticas de autocompasión en los talleres que organizo, me llama la atención en muchas ocasiones que hay niños y adolescentes que no saben decir ni reconocer nada positivo sobre ellos mismos, o que no pueden mencionar nada de lo que se sientan satisfechos, y a los que tratarse con amabilidad les parece muy raro.

Hemos de ir sembrando las semillas de la autocompasión para que en la edad adulta nuestros niños tengan el mayor número de posibilidades de ser felices además de competentes. Por supuesto, marcando límites claros y definidos y valorando positivamente los esfuerzos, e incluso premiándolos; cultivando la responsabilidad y dejando que se aburran para que desarrollen su creatividad; permitiendo que se equivoquen para que se hagan fuertes y superen las trabas de la vida, pero sobre todo educando con amor, cariño, comprensión y respeto.

El objetivo de las prácticas de autocompasión es que aprendan a darse esa amabilidad y cuidado cuando sientan que lo necesitan, y que normalmente deman-dan a los padres. Los niños se calman cuando notan y perciben la disponibilidad de sus padres; si los padres no están, no sienten esa seguridad y confianza. Es entonces cuando pueden darse a ellos mismos amabilidad, seguridad y confianza, lo que los convertirá en adultos seguros y maduros.

La compasión, como ya hemos dicho, es la capacidad de emocionarnos ante el sufrimiento ajeno y de reaccionar para que esa persona no sufra. Con las prácticas de compasión, el niño desarrolla la empatía antes que la compasión, pues comienza a ser consciente de situaciones en las que puede ser amable con los demás teniendo en cuenta lo que la otra persona desea.

La compasión es la continuidad natural del mindfulness, con el que se aprende a mantener la atención, a serenarse y a gestionar las emociones. La compasión juega un papel muy importante en las relaciones, ¿cómo compartimos, conectamos y nos relacionamos? Las prácticas de compasión enseñan a los niños a relacionarse con igualdad y respeto, los hacen mucho más sensibles al sufrimiento ajeno, les enseñan a solucionar los problemas mediante el diálogo. Poco a poco se va cultivando una educación compasiva.

PRÁCTICAS DE AUTOCOMPASIÓN Y COMPASIÓN

Como ya he comentado, normalmente en mis talleres de seis sesiones suelo comenzar con las prácticas de atención, seguidas de las prácticas de regulación emocional. Las prácticas de amabilidad con uno mismo y de compasión las desarrollo en las dos últimas clases, aunque también las trabajo en las primeras sesiones si la situación lo requiere. Por ejemplo, acostumbro a hacerlo así en el caso de niños y adolescentes que tienen la autoestima muy baja debido a que han sufrido acoso escolar o situaciones de estrés. Estos niños muestran unas emociones muy alteradas, y después de la regulación emocional es necesario enseñarles a darse autocompasión.

PRÁCTICAS DE AUTOCOMPASIÓN

_Meditación para fomentar la amabilidad con uno mismo o autocompasión (audio 12)

Materiales: esterillas de yoga para tumbarse, cojines de meditación y mantas.

Esta meditación puede convertirse en una práctica por sí misma o realizarse al final de otra meditación en la que se hayan trabajado las emociones.

El niño puede estar tumbado o sentado.

Siéntate cómodamente en el cojín, zafú o silla. Coloca la espalda recta, sin dolor, sin tensión.

Ponte las manos en el abdomen (o tripita) y siente como suben y como bajan. Siente como poco a poco vas calmándote, relajándote... (Mantener 2 o 3 minutos esta observación.)

Piensa en la persona a la que más quieres, y siente que te da su amor y que tú la quieres. ¿Qué sientes? ¿Notas algo en tu cuerpo? ¿Te encuentras bien? (Mantener 1 o 2 minutos esta sensación.)

Ahora puedes ponerte las manos en el corazón. Percibe como tu corazón y tu pecho reciben el calor de tus manos. Es como una luz brillante y dorada que invade tu cuerpo. Estás muy a gusto.

Puedes repetir estas frases mentalmente:

– Me quiero y me cuido.
– Soy feliz, me siento bien.
– Me acepto como soy y no necesito compararme con nadie.

(Mantener la repetición 1 o 2 minutos.)
Respira profundamente 2 veces, sacando suavemente todo el aire de tus pulmones.
Abre los ojos.

PRÁCTICA DEL ABRAZO CARIÑOSO

En este ejercicio el niño se sienta con las piernas cruzadas sobre su cojín o zafú de meditación.

Con los ojos cerrados, se da un abrazo a sí mismo rodeando su cuerpo con los brazos, llevando las manos hacia la espalda.

Permanece de este modo entre 30 segundos y 1 minuto, y después le pido que cuente lo que ha sentido.

PRÁCTICA DE AUTOMASAJE

En este ejercicio el niño se sienta con las piernas cruzadas sobre su cojín o zafú de meditación.

Con los ojos cerrados, se va dando un masaje con las manos en los pies, las piernas, los brazos, la tripita, los hombros, la cara y la cabeza.

El automasaje se alarga entre 30 segundos y 1 minuto, y a continuación le pido que explique lo que ha sentido.

PRÁCTICA DE TAPPING

Esta práctica es realmente una buenísima forma de activarse uno mismo. Los niños pueden realizarla antes de la práctica de yoga y acroyoga.

Los niños están de pie con las piernas separadas a la misma distancia que el ancho de sus caderas, y comienzan a palmearse suavemente todo el cuerpo con sus propias manos. Se palmean la espalda, el pecho, la tripa muy suavemente, las caderas, las piernas de arriba abajo y los brazos.

Les pregunto al terminar qué tal se sienten.

PRÁCTICA «CARTA PARA FOMENTAR UNA AUTOESTIMA SANA»

Materiales: papel y bolígrafo.

En la misma sesión cada niño prepara una lista de las cualidades propias que le hacen sentirse satisfecho consigo mismo. Antes de empezar les explico que no valen las cualidades que impliquen una comparación con los demás. Por ejemplo, sí vale: «juego bien al baloncesto», pero no vale: «soy el que más canastas encesta». Tampoco son válidas las cualidades físicas, como: «soy guapo» o «soy rubia». Les pido que busquen aquellas cualidades que les hagan sentirse personas buenas y cualificadas, como: «ayudo a mis padres», «cuido de mis hermanos», «doy de comer a los gatos», «me gustan las mates», «canto bien», «juego bien al ajedrez»...

PRÁCTICA «AUTOCONOCIMIENTO»

Materiales: papel y bolígrafo.

El objetivo de esta práctica es ayudar a los niños a conocerse un poco más y a ir investigando cuáles podrían ser sus ocupaciones laborales en el futuro.

Cada niño escribe la respuesta a estas preguntas:

– ¿Qué es lo que se me da tan bien hacer que cuando lo hago no me doy cuenta de que pasa el tiempo?
– ¿Qué es lo que soy capaz de enseñar y transmitir a otras personas?

Una vez contestadas las preguntas, el niño escribe una frase del estilo de: «Me encanta jugar al baloncesto y puedo enseñar a mis amigos a jugar», o «Me encanta leer y escribir, voy a enseñar a mi hermana pequeña y además me voy a atrever a escribir un cuento cortito».

PRÁCTICA «EL CÍRCULO DE MIS VIVENCIAS»

Cuando realizamos esta práctica les explico a los niños el concepto de *humanidad compartida* del que hemos hablado en la parte de teoría.

Recordad que este concepto nos hace reconocer que todos los seres humanos pasamos por situaciones difíciles alguna vez en la vida, de modo que nos ayuda saber que nuestro círculo más cercano vive las diferentes emociones igual que nosotros mismos.

Coloco diferentes cojines en los rincones del aula, y voy poniendo un cartelito en cada uno de ellos, con las siguientes frases sobre diferentes vivencias:

– Alguna vez me he sentido alegre.
– Alguna vez me he sentido triste.
– Alguna vez he sentido miedo.
– Alguna vez he sentido celos.
– Alguna vez me he sentido insultado o criticado.
– Alguna vez he sentido amor y cariño.
– Alguna vez me he sentido solo.
– Alguna vez he insultado o pegado a alguien.
– Alguna vez he ayudado a alguien que lo necesitaba.
– Alguna vez he sido feliz.

Todos los niños acaban pasando por los mismos rincones cuando voy leyendo los carteles, entonces es cuando les explico el concepto de humanidad compartida: todos tenemos las mismas emociones, la misma forma de pensar, a todos nos gustan y disgustan las mismas cosas, todos deseamos ser felices y estar sanos...

PRÁCTICAS DE COMPASIÓN

_Meditación para fomentar el amor y la compasión (Audio 13)

Materiales: esterillas de yoga para tumbarse, cojines de meditación y mantas.

El niño puede estar tumbado o sentado.

Con los niños de 8 años en adelante podemos hacer la meditación completa; con los más pequeños suele ser necesario eliminar algún supuesto, en función de la madurez del niño.

Siéntate cómodamente en el cojín, zafú o silla. Coloca la espalda recta, sin dolor, sin tensión.

Ponte las manos en el abdomen (o tripita) y siente como suben y como bajan. Siente como poco a poco vas calmándote, relajándote... (Mantener la observación 2 o 3 minutos.)

Piensa en una persona a la que quieras mucho y envíale mentalmente tu amor.

Puedes dedicarle esta frase si lo deseas:

— *Te envío mi amor y te deseo que estés sano y seas feliz (mantener el pensamiento entre 30 segundos y 1 minuto).*

Piensa en una persona a la que no conozcas, e imagínate que está pasando dificultades, que está enfermo.

Puedes dedicarle esta frase si lo deseas:

— *Te envío mi amor y te deseo que estés sano y seas feliz (mantener el pensamiento entre 30 segundos y 1 minuto).*

Piensa en un amigo o amiga con el que hayas discutido y trata de perdonarle.

Puedes dedicarle esta frase si lo deseas:

— *Te envío mi amor y te deseo que estés sano y seas feliz (mantener el pensamiento entre 30 segundos y 1 minuto).*

Piensa en todos los habitantes del planeta Tierra.

Puedes dedicarles esta frase si lo deseas:

— *Os envío mi amor y os deseo que estéis sanos y seáis felices (mantener el pensamiento entre 30 segundos y 1 minuto).*

Piensa en la naturaleza, en los árboles, el sol, los animales, el mar, los ríos.

Siéntete tranquilo y feliz imaginando tu lugar favorito de la naturaleza (mantener el pensamiento entre 30 segundos y 1 minuto).

Respira profundamente 2 veces, sacando suavemente todo el aire de tus pulmones.

Abre los ojos.

PRÁCTICA «YO PUEDO SER MÁS AMABLE»

Una vez finalizada la clase y como parte del repaso de las actividades que hacen durante la semana, les pido que busquen situaciones en las que puedan demostrar su amabilidad con los demás.

Por ejemplo, ayudar a su mamá o su papá a realizar alguna tarea doméstica que no tenga adjudicada; ayudar a su madre a vestir o desvestir a su hermano pequeño; regalar algo suyo, como un cuento o unas chuches, a algún amigo (siempre teniendo en cuenta que al amigo le tiene que gustar el obsequio); ayudar a su abuela a levantarse del sofá...

Cada uno comentará en la siguiente clase sus experiencias.

PRÁCTICA DE LAS MANOS CURATIVAS

En este ejercicio los niños se colocan por parejas, uno sentado y otro tumbado en la esterilla. El niño que está sentado va aplicando sus manos (una sobre la otra o una al lado de la otra) a lo largo de todo el cuerpo del niño que está tumbado (en la cabeza, la cara, el pecho, la tripa, las manos, las piernas y los pies).

El niño que pone las manos imagina que da calor y bienestar, y el niño que está tumbado imagina que recibe en su cuerpo ese calor y bienestar.

Luego se cambian.

PRÁCTICA DE MASAJE

En este ejercicio los niños se colocan por parejas, uno sentado y otro tumbado en la esterilla boca abajo. El niño que está sentado va masajeando el cuerpo del otro niño (cabeza, espalda, piernas y pies).

Luego se cambian.

Permanecen entre 1 y 2 minutos dándose el masaje uno a otro, y luego les pido que cuenten lo que han sentido.

Otra forma de realizar esta práctica sería con todos los niños sentados en círculo, bien juntos. Cada niño extiende la pierna derecha y la coloca encima de la pierna izquierda del compañero, y cada uno masajea el pie del niño que tiene a su lado. Luego hacen lo mismo con el otro pie, es decir, colocan la pierna izquierda encima de la derecha del compañero y se dejan masajear a la vez que masajean.

PRÁCTICA «¿QUÉ BONDAD VEO EN TI?»

En este ejercicio les pido a los niños que expresen lo bueno que ven en sus compañeros.

Nos sentamos en círculo y vamos hablando de cada niño. Todos ellos dicen en voz alta su adjetivo amable sin que puedan repetir (soy la primera que doy mi visión amable del niño en cuestión, y me suelo incluir en el grupo).

Al principio suele darles vergüenza hablar de sus compañeros, pero poco a poco, en cada clase, se van dando cuenta de las amabilidades de los demás y las expresan sin tapujos. Por ejemplo: «Gracias por dejarme tu manta, eres muy generoso».

PRÁCTICA DE ESCUCHA COMPASIVA

Con esta práctica aprovecho para explicarles la importancia de saber escuchar. La escucha activa o compasiva constituye un gran acto de compasión; escuchar atentamente y sin pensar lo que vamos a responder en muchas ocasiones es complicado, pues tratamos de pensar respuestas a través de nuestras vivencias, educación, valores y cultura, a menudo obviando a la persona que tenemos de interlocutor.

Los niños se sientan por parejas, uno de ellos comienza a contarle una historia o una vivencia reciente o un problema, lo que quiera. El otro niño permanece callado y escuchando muy atentamente. La duración del monólogo es más o menos de 1 minuto. Cuando suena la campanilla, el que habla calla y el niño que ha permanecido callado le explica a su compañero lo que ha escuchado lo más detalladamente posible.

Luego se cambian los papeles y se repite el ejercicio.

Al final explican al resto del grupo si el mensaje ha llegado correctamente o ha habido interferencias.

EXPERIENCIAS DE AMABILIDAD CON UNO MISMO Y COMPASIÓN

LORENA, UNA PERFECCIONISTA PRECOZ

Cuando Lorena vino a mi taller de mindfulness para niños, su madre me comentó su preocupación por la obsesión de su hija por sacar siempre sobresalientes en todas y cada una de las asignaturas.

Lorena había comenzado a somatizar esta obsesión con unos nervios exagerados antes de cada examen, acompañados de vómitos la mañana de la prueba.

Lo cierto es que Lorena es una excelente estudiante y una excelente deportista, no obstante, a los doce años ya había desarrollado unos valores que dependían demasiado de sus logros externos, de sus calificaciones. Todo aquello que no fuera un sobresaliente suponía un gran disgusto para ella.

Como vimos en la primera parte, la autoestima de Lorena dependía demasiado de lo externo, no era sana. De hecho, Lorena había empezado a criticarse a sí misma cuando no conseguía lo que quería.

Su paso por el taller la ayudó a hacer un gran descubrimiento: entendió que no era necesario que fuera perfecta para sentirse bien con ella misma, que hay muchas más cosas de las que sentirse satisfecho además de las calificaciones académicas.

Rápidamente comprendió que la atención es fundamental para darse cuenta de lo que pasa, en su caso para darse cuenta de la gran autoexigencia que se imponía a ella misma y que ya había somatizado con nervios y vómitos.

Gracias a la regulación emocional pudo detectar y gestionar sus estados nerviosos y enfrentarse a los exámenes mucho más relajada, accediendo a sus «anclas» corporales si le hacía falta.

Las prácticas de autocompasión se convirtieron en sus favoritas, pues sentía que cada día se conocía mejor e iba aprendiendo cómo cubrir las carencias que habían ocasionado la ausencia del conocimiento de sí misma.

Pensamos en un final de sus meditaciones acorde con su circunstancia:

Ahora puedes ponerte las manos en el corazón. Siente como tu corazón y tu pecho reciben el calor de tus manos. Es como una luz brillante y dorada que invade tu cuerpo. Te sientes muy bien.

Puedes repetir estas frases mentalmente:

— Me quiero y me cuido.
— Soy feliz, me siento bien.

- Me acepto y me aprecio como soy.
- No necesito ser la mejor para ser feliz.

Le expliqué a su madre que para los niños que entienden la vida como una competición es muy útil participar en trabajos de voluntariado con ONG o en comedores sociales, por ejemplo. Con esta actividad aprenden a olvidarse un poco de ellos mismos y a sentir satisfacción ayudando a los demás y dando su amor.

CRISTINA, LIMITADA POR LA TIMIDEZ

La madre de Cristina participaba en mis talleres, y cuando trabajamos las sesiones de autocompasión se le encendió una luz pensando en los problemas de su hija.

Me contó que Cristina, que tenía doce años, era extremadamente tímida. Apenas hablaba en la clase o cuando los grupos en los que se encontraba eran muy numerosos. Ella le explicaba a su madre que no podía hablar porque le daba muchísima vergüenza «meter la pata diciendo algo que no fuera lo suficientemente interesante o inteligente». Cristina se sentía muy mal, incapaz de superar esa vergüenza.

Comencé a trabajar con Cristina en uno de los grupos de mindfulness para niños. Al empezar su comportamiento era como el que me describió su madre, es decir, no participaba en la clase: hacía todas las prácticas, pero no abría la boca para decir cómo se encontraba o contar algo suyo.

Con el tiempo, en tres o cuatro sesiones y una vez practicadas (en dos sesiones privadas) las meditaciones de regulación de las emociones y autocompasión, Cristina comenzó a encontrar normal abrirse en los talleres, así como en clase. Poco a poco fue sustituyendo los pensamientos de «no puedo» o «no soy capaz» por otros pensamientos de «sí soy capaz». El hecho de que empezara a participar por iniciativa propia le hacía reforzar su autoestima sintiendo que ahora sí podía.

En la meditación de regulación emocional, Cristina se visualizó hablando en su clase, y no tuvo problemas en detectar las sensaciones corporales que le causaban los pensamientos de «horror, no puedo hablar», sensaciones como palpitaciones, sudor y sequedad en la boca. Mantuvo la atención en estas sensaciones hasta que fueron desapareciendo. Después se colocó las manos en el corazón y repitió mentalmente:

- Me quiero y puedo cuidarme.
- Estoy satisfecha conmigo misma y tengo muchas cualidades (soy buena

hija, ayudo a mis padres y a mi hermano, soy estudiosa y soy amable con mis amigas).

— Me acepto y me aprecio como soy, con mis fortalezas y mis áreas de mejora.

Añadimos a la meditación algunas de sus valías para sembrar un sentimiento positivo sobre ella misma.

Fueron necesarias cuatro o cinco sesiones de regulación emocional con mucha práctica por parte de Cristina.

EL CONEJO EN LA LUNA (ORIGEN: INDIA)

Érase una vez un grupo de animales que eran muy amigos. Vivían apaciblemente en un bosque frondoso y por las noches se dedicaban a observar las estrellas. Había un conejo, un mono, un elefante y una nutria. El conejo era verdaderamente especial, siempre sabía lo que hacer y se caracterizaba por tener un gran corazón. Un buen día el conejo les propuso a sus amigos compartir su buena suerte y su bienestar con las personas que pasaran por el bosque. Todos los animales estuvieron de acuerdo y fueron muy felices de poder compartir sus bienes.

El gran espíritu del bosque, que los estaba escuchando, quedó maravillado por el gesto tan bondadoso del conejo. Se propuso observarlos para ver el resultado.

El elefante dijo que iba a llenar su trompa con agua fresca para ofrecerla a las personas. El mono comentó que iba a subirse al árbol para coger bananas y dárselas a la próxima persona que pasara por allí. La nutria pensó en sumergirse en el río para pescar un pez y ofrecerlo. El conejo veía que sus amigos tenían verdaderos tesoros que ofrecer a las personas, sin embargo, él solo comía hierba, y la hierba no gusta a los humanos. Pero sí sabía que a los humanos les gusta la carne de conejo. Y tomó la decisión de encender un fuego y ofrecerse al humano para que lo degustara.

Al darse cuenta de las intenciones del conejo, el gran espíritu del bosque quedó tan asombrado que decidió transformarse en mendigo y ponerlo a prueba.

Nada más ver acercarse al mendigo, los animales se pusieron muy contentos y comenzaron a preparar sus bienes para dárselos. Cuando le llegó el turno, el conejo le dijo: «No tengo nada que ofrecerte excepto a mí mismo». Comenzó a encender la hoguera y se lanzó a las llamas.

El mendigo, que era el gran espíritu del bosque, metió la mano en el fuego, sacó al conejo de la hoguera y le dijo: «Eres muy valiente y generoso, has sido capaz de entregar tu vida con el fin de expresar tu gratitud y sin esperar nada a cambio. Eres un ejemplo y todo el mundo tendría que conocer tu historia». El mendigo elevó al conejo hacia lo alto, hacia el cielo, hasta que alcanzó la luna. Y allí es donde descansa ahora el conejo.

La gente de la India dice que ve al conejo en la luna. Os invito, la próxima vez que haya luna llena, a buscar al conejo en la luna.

CAPÍTULO 5

CULTIVAR LA GRATITUD Y LA FELICIDAD

Sí o gracias expresan lo contrario al egoísmo.

Solo con la felicidad y la gratitud conseguiremos que el ego desaparezca.

ARNAUD DESJARDINS

¿QUÉ ES LA FELICIDAD? ¿CÓMO ENCONTRARLA?

Todos aspiramos a la felicidad y por supuesto aspiramos a que nuestros hijos sean felices. Pero ¿cómo podemos encontrarla felicidad y cómo podemos mantenerla? Y sobre todo, ¿qué debemos hacer para que nuestros niños sean felices? Constantemente oímos decir: «La felicidad está en las pequeñas cosas» o «Vive el momento presente para ser feliz», lo cual parece fácil, pero por lo general ignoramos qué hacer a continuación para lograr ese estado de felicidad. Se trata de un concepto abstracto que no sabemos muy bien cómo definir y que relacionamos con el sentimiento de estar alegres. A veces, cuando no nos sentimos bien, tenemos la necesidad de leer algo que nos anime. Entonces abrimos el libro de moda que habla de la felicidad, pero al terminarlo nos decimos: esto suena realmente bien, y ¿ahora qué hago? En otras ocasiones vamos al cine a ver una película que nos haga felices, sin embargo, ¿cuánto nos dura este estado? ¿De qué depende en realidad?

Voy a tratar de abordar esta cuestión abstracta y filosófica, que a lo largo de la historia ha suscitado miles de discusiones acerca de su significado, de manera muy simple, optimista y centrada en la concepción budista de la felicidad, pues las herramientas que se emplean en el mindfulness se han importado del budismo. Por otro lado, lo haré con el objetivo de que los niños y adolescentes conozcan, entiendan y experimenten de forma tangible las sensaciones y beneficios de sentirse felices.

Pensamos que hay muchas maneras de alcanzar la felicidad, por ejemplo, formar una familia, estudiar una carrera y conseguir un buen trabajo, tener hijos (o no tenerlos), viajar... Si nos preguntáramos si es esto lo que de verdad nos hace felices, ¿qué diríamos? Tal vez responderíamos que sí, tal vez que no, porque depende. Depende de nuestro estado interior. Quizá queríamos ser padres para ser felices, y sin duda sentimos una dicha real en el momento en el que vimos la cara de nuestro hijo por primera vez; no obstante, pasado un tiempo dejamos de ser tan felices. ¿Por qué?

Cuando hablamos con diferentes personas sobre qué es para ellos la felicidad, observamos que para cada uno la felicidad tiene un significado diferente: unos dicen que un paseo por el campo o una puesta de sol magnífica les proporciona este sentimiento; otros dicen que la simple sonrisa de su hijo les aporta grandes dosis de felicidad; para algunas personas la felicidad es la llegada de un evento muy esperado, como un aniversario, el contraer matrimonio, el viaje del verano, alcanzar la meta en una maratón, conseguir un objetivo académico, etcétera. Si analizamos con profundidad cada una de estas premisas advertimos que todas estas situaciones que a priori nos pueden parecer inconexas tienen un rasgo común: se trata de la ausencia en ese momento de preocupaciones, de emociones difíciles, de problemas internos. En ese instante la persona está viviendo su aquí y ahora, no hay pasado, no existen preocupaciones futuras. Cada uno vive su experiencia en absoluta paz.

Lo cierto es que no se pueden comparar los momentos de felicidad que proporciona la vivencia de experiencias aisladas de ese tipo con la felicidad que experimenta, por ejemplo, un sabio que esté en constante estado de dicha y plenitud. Pero estos momentos de felicidad nos sirven para hacernos una idea de los elementos y las condiciones precisas que caracterizan los estados de felicidad, de tal forma que podamos reconocer los ingredientes necesarios para que esos estados sean lo más prolongados posible.

En el budismo la palabra «felicidad» está ligada con el término *sukha*, que se refiere a un estado de bienestar que nace de una mente excepcionalmente sana y serena.[1] Se trata de un estado de paz que acompaña cualquier experiencia vivida, independientemente de si dichas experiencias son agradables, desagradables o neutras. Esta felicidad es tan profunda que ningún éxito o fracaso puede alterar la paz interior que se siente. El *sukha* genera una disminución de la sensibilidad a las emociones, tanto si son difíciles como si son positivas, por lo que podemos decir que la felicidad depende básicamente de nuestro estado interior.

Como ya he mencionado en este libro en más de una ocasión, abandonar la búsqueda de la felicidad fuera de nosotros y aprender a mirar en nuestro interior nos proporciona un estado de autoconocimiento, paz, calma, dicha y atención, en el que nos sentimos presentes, comenzamos a tratarnos mejor, a demostrar bondad con los demás, regalándonos una plenitud y una libertad interior íntimamente ligadas al concepto o esencia de felicidad. Como decía Marco Aurelio, «Mira dentro de ti: ahí es donde está la fuente inagotable del bien».[2]

Para el Dalai Lama, la felicidad es el objetivo de la existencia. De hecho si analizamos cómo abordamos cada día de nuestra vida, vemos que iniciamos numerosas acciones encaminadas a sentirnos bien, a vivir disfrutando la vida, nos relacionamos para cultivar las amistades, nos enamoramos, construimos, nos ilusionamos con proyectos, cuidamos de los seres queridos. En realidad, lo que buscamos es nuestro bienestar y el de nuestra familia. Se trata de encontrar la felicidad en nuestros actos de cada día.

Este estado de felicidad o *sukha*, según la filosofía budista, lo llevamos todos los seres en nuestro interior, y cuando emprendemos el camino del desarrollo personal, lo que hacemos es aprender a encontrarla, a vivir el presente y a desplazar pensamientos negativos que nos generan emociones complejas para encontrar en nuestro interior nuestra genuina naturaleza. Realmente, cuando contactas y conectas contigo mismo y entiendes que has venido a este mundo a experimentar la felicidad, tu vida cambia, comprendes que el deseo de ser felices es el deseo de absolutamente todos los seres humanos, y en ese momento surge la necesidad de cuidar, querer y procurar el bien a los demás. Hablamos entonces de compasión (véase el capítulo 4).

La aceptación del presente y los actos altruistas son las claves para alcanzar la auténtica felicidad, según los budistas.

Qué bonito sería que nuestros hijos lo aprendieran desde bien pequeños. Sería bueno para ellos, bueno para sus relaciones, bueno para la conexión con todo, con la naturaleza y con el universo.

FELICIDAD Y PLACER

Antes de seguir profundizando en el significado de la felicidad real y en cómo alcanzar este estado, me gustaría hacer un inciso para diferenciar entre felicidad y placer. Aparentemente son estados similares, pero lo cierto es que son bien distintos pese a que suelen confundirse.

El placer, como dice un proverbio indio, no es sino la sombra de la felicidad.[3] El placer se origina en todos los casos por la vivencia de momentos especiales y depende de estímulos exteriores circunstanciales, de experiencias físicas o intelectuales. La naturaleza del placer es efímera o pasajera, de modo que este se va agotando en poco tiempo.

Sin embargo, la naturaleza del estado de felicidad que trato de transmitir en estas páginas tiene que ver con la sensación de bienestar y plenitud que nace del interior, que se puede ver influenciada por las circunstancias exteriores pero no depende de ellas.

El placer tal y como lo entendemos en Occidente se asocia a vivir la vida de forma intensa, estimulando los sentidos con fuentes externas, mediante la vista, el olfato, el gusto..., haciendo muchas cosas, poniendo en marcha varios proyectos, realizando deportes de riesgo, sin que nos quede tiempo para el correcto descanso. La realidad es que no paramos, y cuando lo hacemos y conectamos con nosotros mismos nos entra miedo y salimos corriendo. Nos espanta conocernos.

FELICIDAD Y COMPASIÓN

Ya explicamos en el anterior capítulo el significado de compasión. Me gustaría incidir en la relación que se establece entre la felicidad y la compasión y los actos altruistas.

El estado de plenitud que nos proporciona la felicidad tiene que ver con habitar nuestro ser, lo que nos proporciona un profundo conocimiento de nosotros mismos, equilibrio emocional, amabilidad con nosotros mismos y compasión de los demás. La proyección de este estado de felicidad influye en las personas que nos rodean, en nuestra comunidad y en el mundo.

Nos sentimos alegres, con una alegría serena que viene del interior, no del exterior. La alegría que procede de la felicidad, de ese estado de *sukha*, nos llega acompañada de sentimientos compasivos y altruistas y de la capacidad de gestionar emociones negativas para no permitir que nos secuestren.

Hay investigaciones que han puesto de manifiesto la relación entre la felicidad y el altruismo.[4] Las personas que se sienten más felices son también las más altruistas. La felicidad hace que el sentimiento de ego, de individualidad, disminuya, que la persona esté más abierta a los demás y más a su disposición. En el budismo se considera que el egocentrismo es la causa principal de malestar, y el amor compasivo, el protagonista de la felicidad verdadera. Así, según esta premisa podemos afirmar que nuestra felicidad está relacionada con la felicidad de los demás.

Los actos de bondad desinteresada proporcionan un sentimiento de profunda satisfacción y felicidad.

De nuevo insisto en la importancia de cultivar el altruismo y la compasión en nuestros niños y jóvenes, enseñarles que sus acciones compasivas tienen una repercusión muy positiva en la otra persona, haciendo hincapié no en la satisfacción personal sino en la percepción del bien causado. Si los orientásemos hacia la satisfacción personal u orgullo por haber ayudado, lo que estaríamos haciendo sería cultivar sentimientos de egocentrismo o autoestima insana.

Los niños descubren que los estados de amor por los demás y compasión son aspectos fundamentales en uno mismo, más importantes que otro tipo de emociones negativas, como el enfado o el odio.

Todos los que son infelices lo son por haber buscado su propia dicha; todos los que son felices lo son por haber buscado la dicha ajena.

SHANTIDEVA[5]

FELICIDAD Y GRATITUD

Recientemente participé en un taller sobre neuroplasticidad positiva que impartió Rick Hanson en Madrid. En él estuvimos entrenando el modo de adquirir recursos mentales para el bienestar usando pensamientos positivos respecto a experiencias vividas de bienestar y gratitud. Rick Hanson nos habló de un proceso concreto para «absorber lo bueno», el proceso HEAL, mediante el cual entrenábamos al cerebro para el cultivo consciente de experiencias beneficiosas.

El proceso HEAL se divide en las cuatro fases siguientes:

— Primero se piensa en una experiencia beneficiosa de felicidad o de gratitud que se haya vivido.
— Segundo, se enriquece la experiencia concentrándose en ella.
— Tercero, se absorbe la experiencia centrándose en las sensaciones físicas que esa experiencia genera en el cuerpo, como relajación muscular, respiración lenta y suave, disfrute de la sensación de contento, y se mantienen estas sensaciones el mayor tiempo posible, pues es en este momento cuando las neuronas se ponen a trabajar juntas para crear vías

neuronales nuevas relacionadas con la felicidad y la gratitud.

— Por último, Rick Hanson nos enseñó que cuando aparecen pensamientos negativos o repetitivos y estos se instalan en el cerebro y se mantienen de forma duradera, es posible sustituirlos por pensamientos positivos.

Mediante la repetición de este proceso día tras día, desarrollamos recursos mentales para la felicidad.

En mi caso y desde ese momento quise alojar en mi mente experiencias beneficiosas relacionadas con la gratitud. Una maravillosa puesta de sol observada desde el campo que hay detrás de mi casa, sintiendo y repitiendo las agradables sensaciones en cada meditación, fue el origen de un sentimiento de gratitud que me acompaña y que alimento cada día.

A partir de aquello decidí incorporar a los talleres de mindfulness para niños la elaboración de un diario de gratitud. La gratitud es fundamental para la evolución y el crecimiento personal de los niños, y también para la prosperidad de ellos mismos y la de los demás.

La gratitud es importante. Por una parte permite aceptar la amabilidad sincera de las personas que te ayudan, así como la gratitud que sientes cuando contactas con la naturaleza o en cualquier otro momento agradable de tu vida. Significa reconocer lo bueno que te ocurre cada día, entendiendo la vida como un regalo que hay que abrir y desvelar, abriéndote a cada experiencia en el instante presente con la curiosidad que aplican los niños.

Reconocer el regalo de la vida momento a momento es el principio de la gratitud. La gratitud no es tan solo una estrategia para sentirse mejor o aumentar nuestra felicidad personal, sino que también nos lleva a sentir que tienes que hacer el bien. Por tanto, nos vuelve más compasivos.

La gratitud refuerza la autoestima sana, incrementa la fuerza de voluntad, fortalece las relaciones, nos hace más espirituales, impulsa la creatividad y mejora el rendimiento tanto académico como deportivo.[6]

Gratitud y felicidad van de la mano. La gratitud no se puede experimentar si no estamos presentes observando cada momento con atención plena, es decir, hay que dejar que el «modo mindfulness» impregne nuestras vidas para sentirnos cada día más felices y agradecidos. El estado de ánimo que genera la gratitud es difícil de mantener en el tiempo, por lo que hemos de iniciar prácticas que fomenten este maravilloso estado.

CÓMO SEMBRAR LA GRATITUD

A continuación enumero una serie de prácticas que me ayudan a cultivar el sentimiento de gratitud:

- Medito en gratitud. Como ya he comentado, me inicié en este tipo de meditación con el taller de Rick Hanson. Mis experiencias se multiplicaron en el retiro de meditación mindfulness que hice un mes después, y desde entonces cada día alimento ese sentimiento, que me hace sentirme viva y dichosa.
- Procuro ver lo bueno de los demás en lugar de centrarme solo en mí.
- Doy las gracias por lo que tengo y no me lamento por lo que no tengo o no he logrado.
- Enriquezco y absorbo mis emociones positivas, como el bienestar, el entusiasmo y la esperanza, así genero nuevas vías neuronales para la gratitud que se transmiten a mi sistema inmune o endocrino, a la vez que voy desactivando las vías neuronales de las experiencias de miedo, amenaza y sufrimiento que se crearon cuando fallecieron mi padre y mi hermano.
- Evito compararme con otras personas que creo que son mejores. Agradezco mi vida tal y como es, me siento afortunada por disponer de tiempo para escribir el presente libro, por el apoyo que me prestan mi marido y mi madre y por poder, además, cuidar de mi hija. No puedes sentir agradecimiento y a la vez ser envidioso o rencoroso.
- Doy las gracias con sinceridad siempre que tengo ocasión, tanto verbalmente como por escrito.

DIARIO DE GRATITUD

En los talleres de mindfulness, la forma que tengo de hacer que los niños y adolescentes se impregnen del poder positivo de la gratitud es pedirles que escriban un diario, anotando al menos tres cosas por las que están agradecidos cada día. Comenzamos a preparar el diario el último día de taller; les proporciono unas bonitas libretas en las que empiezan a anotar sus agradecimientos.

La gratitud se cultiva y fortalece con la práctica.

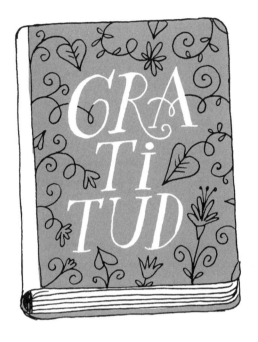

Los voluntarios que participaron en un estudio cuyo objetivo era medir el nivel de bienestar, consistente en escribir un diario de gratitud al menos cuatro veces a la semana durante tres semanas, constataron mejoras en los niveles de depresión, estrés y felicidad.[7]

¿CÓMO TE ACUESTAS? ¿CÓMO TE LEVANTAS?

El neurocientífico Rick Hanson afirma que el cerebro se empapa de los pensamientos cuando iniciamos el descanso. Si te acuestas con preocupaciones o tristeza, el cerebro empezará a absorber esos sentimientos de miedo, ansiedad, depresión... Después de acostarnos y antes de quedarnos dormidos debemos pensar positivamente en las cosas buenas que pasan en la familia o a los amigos, en lo afortunados que somos porque tenemos buena salud, en las cosas que hemos disfrutado ese día y que hemos anotado en el diario de gratitud, en las cosas buenas que otras personas han hecho por nosotros, etcétera.

Practicar la exploración corporal que se expone en el capítulo 2 hará que nos relajemos y nos sintamos mejor.

Pide a tu cerebro que dé las gracias cada noche y te volverás una persona agradecida. Todo lo que hacemos crea nuevas conexiones de redes neuronales. Cuanto más repitas algo, más fuerte se vuelven dichas conexiones. Los sentimientos de gratitud que cultivas en la mente pueden cambiar la estructura de tu cerebro de forma duradera.

Asimismo, es muy importante no irse a la cama envuelto en malas noticias. Tal vez tengas que limitar la exposición a los medios o a las noticias, tanto la tuya como la de tus hijos.

_Meditación de gratitud (audio 14)

La meditación de gratitud es el broche de oro de todas las prácticas que hemos comentado en este capítulo. Convertirse en una persona agradecida de verdad, y hacer que nuestros niños también lo sean, hará que nuestra vida y la de los pequeños sean más felices.

Entrenamos la gratitud mediante este tipo de meditaciones, aunque no debemos desaprovechar la oportunidad de agradecer *in situ* cualquier experiencia que vivamos y por la que hayamos sentido gratitud.

Materiales: esterilla de yoga

Siéntate cómodamente en el cojín, zafú de meditación o silla. Coloca la espalda recta, sin dolor, sin tensión. Cierra los ojos.

Ponte las manos en el abdomen (o tripita) y siente como suben y como bajan. Siente como poco a poco vas calmándote, relajándote… (Mantener la observación 2 o 3 minutos.)

Ahora recuerda algo que te haya gustado mucho, que te haya hecho muy feliz y por lo que te sientas muy agradecido.

Revívelo en tu memoria. Puedes recordar el lugar, los colores, la persona o personas que había.

¿Recuerdas el sentimiento que esa vivencia te provocó? ¿Qué sientes? ¿Cómo lo vives en tu mente? ¿Cómo lo vives en tu cuerpo?

Alarga esa experiencia tanto tiempo como puedas.

Haz un par de respiraciones profundas, completas y suaves, saca todo el aire de tus pulmones.

Abre los ojos cuando quieras.

_Meditación de la sonrisa (audio 15)

Meditación sencilla para despertar con sentimiento de agradecimiento al cuerpo.

Materiales: esterilla de yoga o la cama.

Siéntate cómodamente en el cojín, zafú de meditación o silla. Coloca la espalda recta, sin dolor, sin tensión. Cierra los ojos.

Ponte las manos en el abdomen (o tripita) y siente como suben y como bajan. Siente como poco a poco vas calmándote, relajándote… (Mantener esta observación 2 o 3 minutos.)

Dibuja una gran sonrisa en tu rostro, y siente como los músculos de tu cara se relajan, nota también los efectos beneficiosos que la sonrisa genera en tu cuerpo.

Visualiza la sonrisa en tu mente y llévala de viaje a cada zona de tu cuerpo.

Lleva tu sonrisa a los ojos y agradece que puedes ver.

Llévala ahora a la garganta y piensa: «Gracias, voz, por permitirme comunicarme».

Llévala al corazón y dale las gracias al corazón por llevar oxígeno y nutrientes a cada célula de tu cuerpo.

Lleva tu sonrisa al estómago y la tripita, y piensa: «Gracias a los dos por ayudarme a absorber todos los alimentos».

Lleva tu sonrisa a los brazos y las manos, y piensa: «Gracias por que me permitís coger, agarrar, escribir…».

Lleva tu sonrisa a las piernas y los pies, y piensa «Gracias por permitirme andar y correr».

Nota como tu cuerpo está muy despierto, feliz y dispuesto a realizar todas las tareas que le esperan durante este día.

Haz un par de respiraciones profundas, completas y suaves, saca todo el aire de tus pulmones.

Abre los ojos cuando quieras.

_Meditación de agradecimiento en cada comida (audio 16)

Esta meditación consiste en dar las gracias a todos los elementos que han sido necesarios para que encontremos la comida servida en nuestro plato.

Aprovechamos para trabajar además la atención al sentido del gusto (véase el capítulo 2)

<u>Materiales:</u> pasas, fresas u otra fruta

Coge unas pasas y colócatelas en la mano. Antes de comértelas y saborearlas, vamos a dar las gracias a todas las personas, seres vivos y elementos de la naturaleza que han tenido que ver para que te encuentres estas pasas aquí dispuestas para que te las comas.

Gracias a los gusanos que fertilizaron la tierra donde estaban plantadas las vides.

Gracias al sol y a la lluvia que permitieron que las vides crecieran sanas.

Gracias a los agricultores que cuidaron las vides, las podaron y recolectaron sus uvas.

Gracias a los transportistas que trasladaron los racimos de uvas a tu ciudad.

Gracias a la persona que ha comprado las pasas, y las ha preparado para que te las puedas comer. (Me dan las gracias.)

Ahora métete las pasas en la boca y saboréalas lentamente, como si fuera un caramelo, antes de tragártelas.

¿Qué has sentido? ¿Has detectado algún sabor nuevo? ¿Te acordarás de dar las gracias antes de cada comida?

Un bello paisaje, una hermosa jornada, un libro selecto…

¿Qué más necesitáis para ser felices?

El sol de la vida resplandece desde dentro.

JOSEPH UNGER

LA LLAVE DE LA FELICIDAD
(SABIDURÍA POPULAR, ORIGEN: INDIA)

Dios se sentía muy solo. En su soledad se preguntaba qué podía hacer para estar acompañado. Llevaba mucho tiempo dando vueltas a la creación de los seres humanos, únicamente albergaba una duda: si los seres humanos descubrían la felicidad, podrían acceder al lugar donde vivía Dios, se sentirían dioses y podrían decidir no acompañarlo. Reflexionó durante muchos días y finalmente Dios decidió esconder la llave de la felicidad, porque estaba decidido: quería crear al ser humano.

Así pensó en varios sitios para esconder la llave. Uno era el fondo del mar, pero sabía que el hombre sería muy inteligente y encontraría la forma de llegar allí. Otro, la cima de la montaña más alta de la Tierra, el Himalaya, sin embargo, llegó a la conclusión de que ese lugar también sería accesible para el hombre, pues sabría escalar montañas.

Dios seguía pensando .El ser humano descubriría los escondites en cualquier lugar del universo: el mar, las cimas más elevadas, ¡incluso otros planetas!

Un buen día tuvo un pensamiento magnífico. «¡Eureka! —exclamó—. Esconderé la llave de la felicidad en su interior. Allí jamás la encontrarán.»

Y Dios creó al ser humano, en cuyo interior se hallaba la felicidad.

CAPÍTULO 6

EDUCAR DE FORMA CONSCIENTE: PADRES Y PROFESORES ATENTOS

*Ahora, en la proximidad del pequeño
     cuerpo de mi hijo dormido,
el río oculto en mi pecho fluye con el
     suyo
y sintonizo mi discurso con el ritmo
     de su respiración.
Uniendo mi noche con la suya,
     cantando su canción nocturna
como si esas aguas subterráneas fueran
     ríos secretos fluyendo en el alma.
Descubriendo la vida no contada
que es la corriente a la que se unirá
     al hacerse viejo
en horas silenciosas en las que
     la certeza
de su ser se retire. Allí encontrará
el descanso entre notas sólidas
que hacen que la canción merezca
     la pena.*

DAVID WHYTE,
«Mirando hacia atrás en la noche»
Donde muchos ríos se encuentran

UN POCO MÁS DE MÍ

Me gustaría permitirme la licencia de comenzar este interesante capítulo hablando de mi experiencia como madre, de mí misma y de los sentimientos encontrados que me han acompañado en mis años de maternidad, sentimientos por un lado de felicidad y por otro lado de frustración.

La autocrítica, la sensación de no llegar a todo, de no hacerlo bien, y el pensamiento repetitivo: «Tu hija te necesita» me han llegado como un eco día sí, día también.

En esa etapa trabajaba en una gran multinacional. Puedo decir que los primeros años de este trabajo fueron los mejores de mi vida, con un empleo estimulante, activo, en el que no cesaban el aprendizaje y las relaciones sociales. Parte de lo que soy se lo debo a los laboratorios farmacéuticos en los que he pasado veinte años de mi vida, y desde luego volvería a vivir esta época. Sin embargo, cuando eres madre te cambia el punto de vista, al menos el mío cambió, pues desde ese momento hay

una persona cuyo desarrollo, salud y bienestar dependen de ti. En mi caso, se desataron la culpa y el cargo de conciencia por mis constantes viajes, reuniones y cenas de trabajo. Solo podía pensar en la falta de atención por mi parte que en ese momento estaba viviendo Julia, mi hija. Era muy consciente de las necesidades de Julia, y por eso era tan frustrante pasar semanas enteras fuera de casa.

La cultura de la sociedad en la que vivimos premia las metas alcanzadas y los éxitos en el mundo laboral, pero ¿premia el cuidado de los hijos? Mi humilde opinión es que a los padres la crisis nos ha puesto las cosas más difíciles todavía. Antes existía el término medio en las jornadas laborales, en cambio ahora quien desempeñe un cargo de responsabilidad o trabaja diez, doce o catorce horas o simplemente no trabaja. A los padres y madres que trabajamos fuera de casa y aguantamos estos horarios y exigencias laborales realmente nos resulta muy complicado estar atentos a todas las necesidades que tienen los hijos en cada etapa de la vida.

Y el reto precisamente es ese: estar atento.

Se impone la búsqueda del equilibrio. Es cierto que el tiempo de calidad compensa el tiempo que estamos ausentes, pero no es fácil ofrecer tiempo de calidad si no estamos atentos, si no estamos presentes.

¿Estamos atentos de verdad cuando estamos con nuestros hijos? Yo no lo estaba, al menos al principio.

A medida que iba profundizando en mi práctica meditativa iba siendo cada vez más consciente de mis constantes ausencias, y aun estando en casa me costaba estar presente. En mi cabeza se agolpaban los pensamientos sobre el trabajo, las negociaciones, las presentaciones y los informes revisados hasta más no poder, buscando siempre el fallo. Sinceramente, esto no era nada autocompasivo: me enfadaba, me frustraba y además me cansaba mucho.

A todo esto se añadieron la enfermedad y el fallecimiento de mi padre y mi hermano. Por aquel entonces mantener la atención en mi casa era misión imposible.

Gabriel, mi marido, tuvo la generosidad de proponerme un alto en el camino, un alto en mi vida laboral. En un primer momento fue una excedencia, para luego convertirse en un cambio definitivo. Durante esta parada pude colaborar con mi familia, que estaba viviendo una difícil situación, y además profundizar en mi desarrollo personal.

Realicé varios retiros de meditación *vipassana*. La mejor manera de practicar mindfulness es a través de la práctica, y para practicar nada mejor que los retiros de meditación, los retiros de silencio.

Descubrir agujeros, heridas emocionales y poder sanarlas.

Mi obsesión por ser perfecta ya me había pasado factura y yo no me había dado ni cuenta. No llegaba a todo y era incapaz de reconocerlo.

Afortunadamente, Julia, mi hija, sí se daba cuenta y lo expresaba con la sinceridad que caracteriza a los niños. Recuerdo uno de mis viajes de trabajo, que me llevó a estar cinco días fuera de casa. Mi marido también viaja y aquella semana estaba ausente. Habíamos dejado a Julia con mis padres. Julia estaba un poco acatarrada, pero no era nada importante. En esa semana Julia comenzó a presentar una fiebre elevadísima y, según los médicos, sin ningún foco infeccioso. Yo me ponía un poco nerviosa y me alteraba cada vez que hablaba con ella y me decía llorando que quería estar conmigo. El viernes, cuando regresé y fui a buscarla, le cambió la cara. Se convirtió en una niña sonriente y feliz y la fiebre desapareció.

Creo que había somatizado su negación a pasar cinco días lejos de nosotros. Con este y otros muchos episodios parecidos me daba cuenta de que ella necesitaba más. Cada niño es un mundo, y no todos tienen por qué necesitar lo mismo. Julia, por su forma de ser y supongo que a causa de los dos años de carencia de la figura parental que había sufrido, nos demandaba mucho más.

Con la práctica de la atención plena entendí que la vida me daba la oportunidad de comenzar de nuevo desde cero. De vivir estando mucho más atenta a las necesidades de mi familia.

El sentimiento de vacío y el machaque perfeccionista, junto con las recientes ausencias en la familia, no han hecho más que hacerme fuerte, y me han enseñado que vivir presente y vivir el ahora es una decisión que toma cada uno, y que podéis tomar hoy.

Tengo un gran maestro, Gabriel, que es la encarnación del *carpe diem* o vive el momento, cualidad innata en él. En estos últimos años lo que le hemos dado día tras día a nuestra hija es nuestro deseo de ser padres atentos y conscientes y nuestra práctica para lograrlo. Bueno, al menos lo estamos intentando, no sin fallos ni dificultades, pues cada jornada es un universo lleno de sorpresas, emociones y retos.

Todos nos beneficiamos de ser padres atentos. Para mí es lo más importante de vivir diariamente en modo mindfulness o con atención plena.

El impacto de todo esto en nuestra hija ha sido y es muy positivo. Desde que me dedico a la práctica de la atención plena y mi modo de vida gira en torno al mindfulness, Julia es mucho más feliz, y yo también. Nuestra relación, comunicación y conexión ha cambiado para mejorar.

¿QUÉ ES SER PADRES ATENTOS?

Convertirse en padre o madre es una experiencia inigualable, profunda, que nos hace, sin duda, sacar lo mejor de nosotros mismos, y a la vez sanar y transmutar patrones y aprendizajes que ya no nos sirven. El hecho de convertirnos en padres atentos nos ayudará a liberar antiguos patrones heredados, trajes que no son nuestros, máscaras, comportamientos, expectativas y frustraciones que nuestros hijos no necesitan para nada.

Nos centramos en la vida de nuestros hijos para facilitarles el desarrollo y que puedan transformarse en personas maduras y felices, capaces de solucionar su vida y resolver sus propios problemas. La felicidad de nuestros hijos va a estar ligada a nuestra capacidad para educar niños atentos, que sepan gestionar eficazmente sus emociones, niños con una autoestima sana, que sean amables consigo mismos, compasivos con los demás y agradecidos.

El factor esencial en este tipo de educación es el amor incondicional, que procede de prestarles cuando estamos con ellos una atención constante y que colme sus necesidades. Hablamos de atención, no de secuestro. No se trata de ser padres helicóptero y no dejarles respirar. Más bien es un acompañamiento respetuoso mediante el que procuramos generar en ellos mismos la curiosidad, la apertura, las diferentes percepciones de cada situación, la aceptación, el respeto y el no juicio.

Como sabéis por lo que comenté en el capítulo 2, estas son las habilidades que potencia el mindfulness, y solo las podemos vivir, entender, desarrollar y transmitir a nuestros hijos si realizamos una práctica continua. Tenemos que practicar por nosotros mismos y por nuestros hijos.

Además, el conocimiento de las herramientas que proporciona el mindfulness nos ayudará a superarnos cuando nos enfrentemos a nuestras propias dudas e inseguridades, cuando el conflicto esté presente en nuestras relaciones con los demás, e incluso con nuestros hijos.

Es primordial el trabajo interior que hagamos. Nos hará más fácil comprender quiénes somos y quiénes son nuestros hijos, y adquirir un conocimiento profundo de nosotros mismos y de sus necesidades concretas en cada etapa de su desarrollo.

Nos ayudará asimismo a confiar en nuestra intuición y sabiduría interior para sentirnos seguros de que estamos dando lo mejor de nosotros mismos y la mejor respuesta.

Como también expusimos en el capítulo 2, las presiones de la sociedad y las veloces vidas que llevamos actualmente, hacen que en muchas ocasiones vayamos con el piloto automático encendido, haciendo miles de cosas, siempre corriendo pero perdiendo la esencia del presente, del ahora.

Es vital no perder de vista que es posible que nos encontremos inmersos en esta circunstancia, de la que tanto nuestros hijos como nosotros salimos enormemente perjudicados. La falta de consciencia, en cuanto a reconocimiento y comprensión de una situación, y los patrones que nos han inculcado la educación y la cultura pueden hacer que la infancia de nuestros hijos no sea una etapa tan sana y feliz como suponemos o esperamos.

Según comentan Jon y Myla Kabat-Zinn en su libro *Padres conscientes, hijos felices*, la paternidad automatizada, no examinada y basada en el mínimo común denominador puede causar un daño profundo y duradero en los niños y en la trayectoria de su desarrollo. Incluso sin que se dé violencia alguna, amenazando su potencial de crecimiento.[1]

BENEFICIOS DE SER PADRES ATENTOS

Para aplicar la atención plena a la apasionante experiencia de ser padres, primero hemos de vivir nuestra vida con atención. Vivir atentos implica ser conscientes y darnos cuenta absolutamente de todo lo que pasa en nuestra vida, nuestras experiencias y nuestro ambiente, de cada detalle del día a día y de nuestros pensamientos, emociones y sentimientos. Este proceso requiere una mirada hacia el interior, establecer una relación diferente con nosotros mismos. Cuando comenzamos a conectar con nuestro ser es cuando empezamos a conocer lo más profundo de nosotros. Este proceso es fundamental si queremos estar presentes de verdad en la vida de nuestros hijos y darles lo que necesitan a nivel afectivo y formativo en cada etapa de su vida.

Nosotros también obtendremos una serie de beneficios que nos procurarán una vida mucho más enriquecedora y feliz. Estos beneficios son los siguientes:

— Cultivamos una relación con nosotros mismos y con nuestros hijos basada en la amabilidad y el amor incondicional. Nos aceptamos como somos, perdonándonos los fallos que hayamos podido cometer, y aceptamos a los demás tal como son.

— Aprendemos a regular nuestros estados emocionales, de tal forma que las reacciones que tenemos ante determinados estímulos, en muchas ocasiones generados por nuestros hijos, y que quizá sean desmedidas o descontroladas, las vamos cambiando por respuestas pausadas y mucho más acordes con nuestros valores.

— Nos hacemos conscientes de los comportamientos destructivos y las creencias limitadoras adquiridos en nuestra infancia, y aprendemos a liberarnos y a comprender que esas actitudes no forman parte de nuestro ser, de nosotros, y que a nuestros hijos tampoco los benefician.

— La atención plena hace que disfrutemos de nuestro presente día a día en calma y bienestar. Entendemos cada oportunidad de estar y convivir con nuestros hijos como una oportunidad para expresar nuestro amor, que es básico para su estabilidad, seguridad y desarrollo.

— Generamos un vínculo y un concepto de familia en torno a la vida con atención. Esto implica la vivencia de momentos únicos de diversa índole. Un simple paseo o la cena en un día de diario se pueden convertir en experiencias muy gratas dignas de recordar.

— Nuestra capacidad de atención, de memoria y de intuición mejoran mucho. Nuestros hijos se benefician de ello, pues nos notan más presentes y más conocedores de sus propias circunstancias y necesidades.

— Nuestra conciencia corporal y la de nuestros hijos aumenta. Cuando aprendemos a escuchar a nuestro cuerpo, nos damos cuenta de que establece una comunicación continua con nosotros, y de que esta comunicación es siempre honesta. De esta forma surge la capacidad de autosanación que poseemos de forma natural, esos recursos internos que pueden ser utilizados y que nuestros hijos pueden aprender.

— El aprendizaje de la atención plena, sus herramientas formales y las prácticas informales nos permiten cultivar profundos estados de relajación y transmitirlos a nuestros niños.

— Nuestra forma de comunicarnos con las personas que nos rodean y con nuestros hijos cambia. La escucha con atención se convierte en una escucha activa, en la cual no dejamos de escuchar para pensar una respuesta en función de nuestros juicios o valores, simplemente escuchamos. La percepción y el conocimiento que se genera es mucho más profundo.

- Todo esto contribuye a que tengamos una buena salud, pues potencia el sistema inmune. Vivir relajados y con atención plena hace que enfermemos mucho menos.[2] Asimismo, ayuda a superar estados insomnio, la ansiedad, las fobias y los desórdenes alimentarios.[3]
- La atención plena nos permite diferenciar lo importante de lo urgente. Lo importante es lo que es básico y fundamental en nuestra vida y la de nuestros hijos para procurarnos un mayor bienestar y felicidad. Entendemos lo urgente como esa lista interminable de tareas que, pese a no ser vitales, nos impiden procurarnos los momentos de recogimiento e introspección esenciales para el desarrollo de la atención plena.

¿CÓMO PODEMOS SER PADRES ATENTOS?

Como ya hemos comentado, la atención plena es una capacidad que todos los seres humanos poseemos. Nuestra verdadera naturaleza es vivir con atención plena, aunque no lo sabemos. Por eso, es un aspecto que hemos de desarrollar para iniciar un viaje interior de conocimiento y desarrollo, para vivir con conciencia plena y en el presente, y responder adecuadamente a las diferentes necesidades de atención de nuestros hijos.

Para poder convertirnos en padres atentos, es fundamental que realicemos las prácticas formales de la atención plena, además de fijarnos de manera consciente en todos los aspectos de nuestra vida. Es realmente imprescindible, porque sin prácticas no hay cambio, no hay presencia ni consciencia plena y seguimos viviendo en el hacer-hacer perdidos en nuestros automatismos, dejando la vida pasar.

Las prácticas que propone el mindfulness y que se explican en los capítulos 2, 3, 4 y 5 de este libro, están adaptadas para vuestros hijos. Si estáis iniciándoos en la meditación, es más que recomendable comenzar las prácticas de mindfulness o de atención plena con las meditaciones que os proporciono para vuestros hijos. (Las podéis encontrar en www.micurso mindfulness.com, en el apartado «Niños atentos y felices con mindfulness», o a través de ese código QR.)

Los audios de estas meditaciones duran pocos minutos (entre 4 y 10 minutos). Como he explicado, se debe a que los niños no mantienen la atención durante mucho rato, y es más útil para ellos disponer de diferentes meditaciones cortas que trabajar con una más larga.

Si eres meditador principiante, al inicio estas meditaciones cortas te vendrán muy bien, pero pronto desearás alargar el tiempo de meditación. A medida que la mente se vaya calmando y aquietando, verás que necesitas más tiempo de introspección. Puede resultarte interesante y eficaz ampliar tu formación personal en mindfulness con cursos presenciales u online.

Los programas MBSR (programas de reducción del estrés basados en el mindfulness) que se imparten por todo el mundo, creados por Jon Kabat-Zinn en la clínica de reducción del estrés del Hospital Universitario de Massachusetts, tienen una duración de ocho semanas, con una práctica de por lo menos cuarenta y cinco minutos seis días por semana. Se estima que ese es el tiempo mínimo para que se generen estructuras neuronales nuevas que conlleven nuevas formas de responder a determinados estímulos.[4] Desde el primer momento comenzamos a notar calma, bienestar y una presencia aumentada, pero los cambios estructurales cerebrales se producen a las ocho semanas de practicar.

Una vez que lleves un tiempo meditando, dejarás de sentir la necesidad de una guía de meditación y podrás adentrarte tú solo en tu interior. Entonces ya no escucharás los audios. El momento en que esto ocurra depende de cada uno y de las experiencias que se vayan viviendo.

Para meditar busca un lugar tranquilo donde no te molesten y apaga el teléfono móvil. La postura que has de adquirir es sentado con la espalda recta bien en un cojín de meditación bien en una silla. Cierra los ojos para evitar distracciones, coloca las manos sobre los muslos o en el regazo. La respiración debe ser nasal, tanto en la inspiración como en la espiración.

Uno de los inconvenientes que aparecen cuando comenzamos a meditar es que la mente se resiste. Estamos entrenando el cerebro y es como si estuviéramos domando caballos salvajes. La respuesta de la mente es rebelarse, por eso manda picores y algún dolor. Es totalmente normal, mi consejo es que continúes con la práctica, y simplemente observando la sensación corporal que producen estos picores o dolores notarás que en pocos segundos desaparecen. Esto es dar apertura a la experiencia del momento presente.

Otra cosa que suele pasar es que te distraigas y te vayas a tus pensamientos. No te preocupes si te ocurre, regresa a tu objeto de meditación, es decir, a la observación de la respiración o a la sensación física en la que estuvieras, de manera amable y sin enjuiciarte por haberte distraído.

A veces, mantener la postura con la espalda recta puede originar incomodidades o dolores. Si no haces deporte habitualmente ni estiras el cuerpo, lo más seguro es que sientas ciertas molestias. La meditación mejora cuando previamente has estirado el cuerpo, para lo cual te recomiendo el yoga.

Yogacharia Patanjali, sabio indio del siglo II a.C., en su tratado sobre yoga, el *Yoga-sutra*, afirma que todo método de yoga supone un conjunto de técnicas que hacen que cesen las fluctuaciones de la mente y que conducen al Samadhi o Iluminación. No obstante, la forma como se practica el yoga en Occidente aumenta el número de beneficios logrados desde las primeras clases, como la mejora de la elasticidad, el estiramiento muscular, el alivio de los dolores de cabeza y de espalda, la sensación de bienestar y relajación y la mejora de la concentración y la intuición.

El yoga, además, puede ser una bonita forma de jugar y conectar con vuestros hijos. Podéis practicar yoga con las posturas o asanas propuestas en el apéndice 1.

La meditación mindfulness genera tres habilidades:

– Atención plena
– Observación
– Autocompasión y compasión

Gracias a la atención plena comenzamos a darnos cuenta de todo, de cada uno de los aspectos que forman parte de nuestro entorno. Empezamos a percibir a las personas que nos rodean de un modo diferente, las intuimos mejor, como si las conociéramos más profundamente. Somos conscientes también de todo lo que pasa por nuestra mente: de los pensamientos que nos hacen daño, de las emociones, de qué pensamiento nos genera una determinada emoción, y por supuesto nos damos cuenta de cómo somos realmente, sin máscaras y sin necesidad de proyectarnos hacia el exterior. Al mismo tiempo aumenta el conocimiento real de nuestros hijos y de sus verdaderas necesidades. Nuestra visión es más clara, más profunda y más atenta.

La segunda habilidad que desarrolla la práctica del mindfulness es la observación: logramos ser capaces de distanciarnos y de observarnos a nosotros mismos ante estímulos que antes nos hacían reaccionar de una manera no apropiada y no acorde con nuestros valores, para dar una respuesta calmada y pausada gestionando pensamientos negativos y emociones como la ira o el miedo, y sin el objetivo de herir o criticar a los demás. Esto lo hemos tratado en el capítulo 3, al hablar del mundo emocional del niño y el adolescente. Las meditaciones propuestas en ese capítulo son muy útiles para regular los estados emocionales de toda índole.

La tercera habilidad que se adquiere con la práctica de mindfulness, como vimos en los capítulos 4 y 5, es el incremento de la capacidad de autocompasión y compasión, es decir, de ser amables con nosotros mismos, de respetarnos, de procurarnos una autoestima sana, y de ser amables y compasivos con los demás haciendo que nos relacionemos mucho mejor y sintiendo que formamos parte de un todo, de un universo.

La vida con atención plena y presencia hará que comprendamos y fomentemos varios aspectos fundamentales de nuestros hijos que son muy importantes para su desarrollo:

— Autonomía, independencia y capacidad
— Aceptación
— Empatía

Entendemos que nuestros hijos tienen en cada etapa de su vida un grado diferente de **autonomía**, **independencia** y **capacidad**, y les damos así la posibilidad de que muestren su verdadera naturaleza y de que encuentren su camino en la aventura de la vida.

Es importante que les permitamos ser lo que son, sin enseñarles a fingir o manipular, para que lleguen a ser lo que puedan ser en función de su potencial.

Asumir las capacidades de nuestros hijos en cada ciclo de su vida les ayudará a contactar con su verdadera naturaleza.

Es necesario comprender que tienen su propia autonomía, independencia y libertad. Y que pueden y deben equivocarse, lo cual nos recordará que, incluso en los momentos más complicados y conflictivos, en su naturaleza hay una maravillosa bondad y autenticidad. En realidad, esta bondad y autenticidad está en la naturaleza de todos los seres humanos.

Nuestros hijos más pequeños caerán y se levantarán mil veces en el proceso de aprender a andar y tendrán miles de rabietas. Nuestros hijos más mayores y adolescentes nos retarán con sus propias opiniones y puntos de vista, ante lo cual procuraremos dialogar atentamente, entenderlos y, desplegando nuestro amor incondicional, llegar a acuerdos y apoyarlos.

Hemos de quererlos, de amarlos tal como son, y por el hecho de tener su propia naturaleza merecen ser amados y aceptados como las personas que son y los adultos que llegarán a ser. Solo así se convertirán en adultos autocompasivos y respetuosos consigo mismos, con una autoestima sana y seguros de sí mismos.

Los adultos somos los responsables de nuestros hijos, y nuestros hijos han de ser cuidados, respetados y protegidos por nosotros o por otros adultos. Nosotros somos responsables de nuestras propias emociones, y no debemos esperar que los hijos llenen nuestros vacíos emocionales.

Los adultos tenemos que ser capaces de reconocer la naturaleza propia de nuestros hijos y de proporcionarles ánimo, reconocimiento y **aceptación**.

¿Nuestros hijos pueden mostrarse como son, sin objetivos que cumplir o sin tener que modificar su comportamiento para agradarnos?

Hay muchos niños, adolescentes y también adultos que creen firmemente que no son aceptados por lo que son, que no están a la altura de las circunstancias o de lo que supuestamente se espera de ellos. Algunos padres creen que sus hijos no llegan a ser lo que esperaban de ellos, o se sienten decepcionados porque «un hijo mío no puede ser, hacer u obtener esto». Y los critican y humillan constantemente. El resultado de esta actitud en el niño, desde luego, no es nada bueno; probablemente el niño hará lo que dicen sus padres y los obedecerá, pero a costa de mucho dolor e inadaptación.

Todo es más fácil cuando aceptamos lo que nuestros hijos son, dejándoles que experimenten, se equivoquen y aprendan de sus errores.

Aceptación no significa resignación, puesto que en la resignación hay un componente intrínseco de sufrimiento y dolor, significa que aceptamos las cosas tal y como son, nos gusten o no.

De entrada esto no es fácil, pero la práctica del mindfulness hará que seamos más conscientes y nos demos cuenta de las situaciones que no nos gustan y de cómo en algunos casos luchamos contra esas realidades. La práctica del mindfulness o atención plena nos dará el conocimiento y la sabiduría precisos para aceptar las situaciones que de ninguna manera podemos cambiar. Y claro está: ¡no podemos cambiar a nuestros hijos! ¿Cuántas veces nos decimos: desearía que mi hijo fuera diferente, que tuviera otro aspecto, que fuera más inteligente o más alto, que tuviera otras aficiones, etcétera?

Es fácil ser amorosos y comprensivos cuando todo va bien, pero ¿cómo nos comportamos ante las situaciones complejas y difíciles que sin duda atravesamos en nuestro papel de padres?

La aceptación no implica que nuestros hijos puedan hacer lo que deseen en cada momento sin respetar unos límites y unas normas, significa simplemente empatizar y tratar de ponernos en su lugar para entender su comportamiento: quizá estén cansados, o tengan hambre o hayan tenido un mal día en el colegio.

La atención plena en los niños, como ya hemos comentado en los capítulos anteriores, los hará más conscientes, de modo que llegarán a darse cuenta ellos solos de sus estados de ánimo y serán capaces de barajar las diferentes opciones para regular esas emociones.

Si conseguimos estar atentos viviremos las situaciones con mayor claridad. Un mal comportamiento puede ser un aviso de que hay algo que no va bien y no debemos omitirlo ni obviarlo, pues así terminaríamos haciéndonos y haciéndoles daño, y creando distancia y rechazo.

La presencia y la atención plena nos permitirán mostrar lo que sin duda sentimos por los hijos, que es amor incondicional. Seremos capaces de romper los esquemas y patrones adquiridos que llevamos en nuestras mochilas probablemente desde la infancia, para dar una respuesta más acorde con lo que somos.

El camino es de cada uno, y nos caeremos las veces que haga falta para aprender, tanto nosotros como nuestros hijos.

La **empatía** es otra de las cualidades que hemos de cultivar para dedicar una atención plena y completa a nuestros hijos.

Hemos de ver las cosas poniéndonos en su piel, comprendiendo lo que el niño pueda sentir, vivir o necesitar. Ese contacto emocional es básico para que el niño comience a expresar lo que siente, para que no se encierre en sí mismo y cree un caparazón emocional.

Hay padres que no consiguen empatizar con sus hijos y esto puede deberse a que guardan emociones no expresadas y no resueltas desde su infancia. Si en el pasado no recibimos la atención suficiente por parte de nuestros padres, puede que tengamos esa herida abierta y lo manifestemos actuando de igual manera con nuestros hijos. De nuevo la atención plena nos será muy útil para tomar conciencia de esto y sanar esos patrones.

Daniel Goleman, en su libro *Inteligencia emocional*, dice: «El coste de la falta de sintonía emocional entre padres e hijos es extraordinario. Cuando los padres fracasan reiteradamente en mostrar empatía hacia una determinada gama de emociones de su hijo —ya sea la risa, el llanto o la necesidad de ser abrazado, por ejemplo— el niño dejará de expresar e incluso de sentir ese tipo de emociones. Es muy posible que, de este modo, muchas emociones comiencen a desvanecerse del repertorio de sus relaciones íntimas, especialmente en el caso de que estos sentimientos fueran desalentados de forma más o menos explícita durante la infancia».[5]

La interacción emocional entre padres e hijos es fundamental para el correcto desarrollo del mapa emocional de los hijos. La ausencia física y emocional genera brechas que rompen la confianza y la cercanía emocional necesaria para que en la familia se entable una comunicación clara y continua.

Practicar con las herramientas que nos ofrece el mindfulness nos ayudará a romper estos comportamientos automáticos adquiridos en la infancia para dar una respuesta mucho más empática a nuestros hijos.

A continuación voy a describir el caso de varios padres que se han formado en mindfulness conmigo, y que han logrado aumentar su presencia y su atención cuando están con sus hijos.

Ángeles es madre de dos niñas, Paula y Martina, y, entre sus actividades deportivas y las de sus hijas, pasaba las tardes corriendo de un lugar a otro.

Al profundizar en el desarrollo de la atención plena en las primeras sesiones del curso, fue consciente de que necesitaba sacar tiempo de donde fuera para practicar. Eso le hizo reconocer la autonomía y cierta independencia de sus hijas, así que les proporcionó las llaves de casa.

Ángeles regresaba cada día a su casa quince minutos antes de que llegara el bus de sus hijas, y decidió aprovechar este rato, más otros veinte o treinta minutos, para meditar y hacer un poco de yoga. Mientras tanto las niñas se preparaban su merienda y merendaban sin hacer demasiado ruido para respetar el bienestar de su madre. Paula y Martina estaban más que encantadas, pues se sentían mayores y responsables y, sobre todo, veían que ayudaban a que su madre se encontrara mejor, generando así un comportamiento compasivo.

Ángeles estaba muy satisfecha, pues había conseguido alimentar su práctica durante treinta o cuarenta minutos diarios, y notaba los efectos en la atención, la concentración, la calma, la gestión emocional y la amabilidad consigo misma.

Rosa es madre de tres hijas adolescentes que acostumbraban a dejar absolutamente todo tirado por el suelo y la escalera. Rosa me comentó que estaba desesperada porque, aunque muchas veces las reprendía a gritos, las niñas no reaccionaban y seguían dejando sus cosas donde les parecía.

Rosa, al darse cuenta de que podía detectar las ganas de gritar antes de ponerse a ello, y como era consciente de que su estado emocional no ayudaba, decidió que cuando ocurriera esto pararía sus pensamientos, respiraría un par de veces profundamente y se calmaría, observando las sensaciones corporales que experimentaba, como palpitaciones, sudor y calor. Después de estos tres minutos de pausa, respondía de una manera acorde con su forma de ser y sus valores, haciendo uso de su capacidad de empatía, es decir, con buen humor, bromeando sobre el desastre de casa, a lo que sus hijas respondían como si nada recogiendo y bromeando igualmente.

Verónica, ingeniera de telecomunicaciones, tiene dos hijos que ya han pasado la adolescencia y están en edad de trabajar. El gran pesar de Verónica es que sus hijos no estudiaran una carrera universitaria como ella y, por lo tanto, no pudieran acceder a un buen empleo. La hija trabaja de secretaria, y el hijo, de camarero. Antes de comenzar con las sesiones de mindfulness, los hijos la acusaban de una falta de aceptación. Las discusiones eran continuas y el sentimiento de frustración de Verónica era perenne.

El hecho de aumentar su capacidad de presencia, atención y comprensión hacia sus hijos, fomentó el diálogo con ellos y una comunicación más constructiva. Ella poco a poco fue aceptando la situación y fue capaz de entender que su divorcio les afectó a todos y especialmente a sus hijos, que en esa época eran adolescentes. Hoy en día, no sin práctica de meditación, puede disfrutar de sus hijos sin juzgarlos por lo que han elegido ser.

EL PAPEL DE LA ATENCIÓN EN LOS PROFESORES

Sin duda, el tándem padres-profesores sería el binomio perfecto en la educación en atención plena de niños y adolescentes. Una forma de vida atenta, puesta en práctica en todos los ambientes donde se desenvuelve el niño, es lo más apropiado para que el niño aprenda a vivir en modo mindfulness o atentamente.

Los profesores tienen una importante responsabilidad en el desarrollo cognitivo, conductual y emocional del niño y el adolescente, pues este pasa la mayor parte del día a día en la escuela. Esta responsabilidad puede suponer un foco de tensión y estrés para los docentes. Como sabemos, cada vez se están poniendo en marcha más programas de mindfulness para niños en las escuelas. Se han desarrollado dentro de un movimiento denominado educación positiva,[6] que promueve el cultivo de los valores, las habilidades sociales y emocionales, la resiliencia y el bienestar, entendiendo que la función de los colegios va más allá de los logros académicos y buscando el desarrollo de los niños y adolescentes de forma integral.

Algunos sistemas educativos actuales conducen a los estudiantes a proponerse metas lejanas relacionadas con la consecución de una vida próspera, y se olvidan de buscar la felicidad en el camino de la vida. Estos niños y adolescentes se convierten en adultos preocupados, estresados, ansiosos o depresivos. En esta sociedad obsesionada por lo que pareces y por la acumulación de títulos y bienes materiales, existe la tendencia a medir el rendimiento educativo a través de los méritos académicos, sin tener en cuenta las habilidades para llevar una vida plena basada en el bienestar emocional y psicológico. Por ello, incorporar las herramientas de la atención plena en el sistema educativo es esencial.

Los programas de mindfulness y bienestar para niños y adolescentes se implementan a través de dos vías. La primera es la que parte de la iniciativa de las propias escuelas y utiliza diferentes planes didác-

ticos. En este caso lo más probable es que las escuelas incluyan programas que ya han demostrado su eficacia en su plan de formación para docentes. La segunda es la que parte de los profesores que están interesados en la educación emocional de sus alumnos, tengan o no formación específica sobre las herramientas de desarrollo de la atención plena. En ambas circunstancias el papel de los profesores es fundamental para el éxito de las escuelas mindful o conscientes.

En el presente libro me voy a centrar en la segunda opción. Es decir, en el profesor que decide que sus alumnos se conviertan en alumnos más atentos, que sepan gestionar sus emociones y que sean más amables con ellos mismos y con los demás.

Ahora me dirijo a ti, profesor, que interactúas constantemente con los alumnos.

Como he comentado en el caso de los padres atentos, es básico que antes de enseñar estas herramientas comiences a familiarizarte con las técnicas. Tu propio desarrollo personal contribuirá a que comprendas mejor la situación de cada alumno de cara a la integración de sus necesidades y su desarrollo.

El hecho de tener experiencia en el mindfulness o la atención plena te ayudará enormemente a transmitirlo a los alumnos y conseguir que estos lo entiendan y lo vivan. No es lo mismo enseñar algo que piensas que puede ser bueno que enseñar algo que sabes por tu propia experiencia que es bueno. Aprender mindfulness no supone solo aprender una serie de técnicas para luego poder enseñarlas. Comenzar a practicar mindfulness o atención plena implica comenzar a vivir de forma diferente: experimentarás tu presente con plena atención, te darás cuenta de todo y también serás más consciente de lo que necesitan los demás; por ejemplo, en el caso de tus alumnos, la relación con ellos cambiará para lograr una mayor conexión.

Si no has practicado antes meditación, te animo a que comiences tu trabajo de mindfulness con las meditaciones para niños que proporciono en este libro, y luego, si lo crees necesario, amplíes tu formación.

Como he explicado en el apartado dirigido a los padres, a medida que vas domando tu mente y notando la sensación de calma y bienestar que produce la meditación, irás queriendo meditar durante más tiempo. No obstante, es importante que vayas siguiendo tu propio ritmo.

La meditación mindfulness te enseña a vivir con atención plena y desarrolla las habilidades de la atención, la observación y la compasión. Vas a ir notando poco a poco ciertos cambios en tu vida; por ejemplo, te darás cuenta de aspectos que te acompañan en el paisaje de cada día en los que antes no reparabas, apreciarás la belleza de las cosas pequeñas, el tiempo de reactividad ante un estímulo se alargará, aplicarás la observación de tu respiración en forma de pequeñas pausas para proporcionarte calma y claridad, y serás capaz de tratarte mejor a ti mismo y tratar mejor a los demás.

A continuación me gustaría exponer una secuencia lógica de prácticas que puedes poner en marcha paulatinamente para transformar tus aulas en aulas atentas:

1. Explicación: ¿qué es el mindfulness o atención plena?

Este primer paso es muy importante, pues ningún niño, aunque haya oído hablar a sus padres del mindfulness, entenderá bien lo que es si no se le da una explicación de acuerdo con su edad.

El mindfulness es atención plena, pero ¿qué es la atención plena? ¿Cómo se lo explico a un niño? Las definiciones del mindfulness y la exposición de sus beneficios que suelo dar yo están descritas en el capítulo 2.

2. Introducción de las prácticas de la atención

Es conveniente introducir las prácticas de atención tras la primera explicación de qué es el mindfulness, al menos un par de ellas. Así los niños experimentan sensaciones desde el primer momento, lo cual los motiva a seguir practicando. Están todas explicadas en el capítulo 2.

Puedes comenzar a trabajar con los audios 1 y 2 («El viaje más apasionante: camino de tu corazón» y «Siente tu respiración con piedrecitas») antes de comenzar la clase o al finalizar, antes de salir al recreo o antes de hacer un examen.

El audio 4 es perfecto para practicarlo antes de que tomen sus tentempiés o antes de la comida en el comedor.

Las prácticas que desarrollan la escucha y el olfato las puedes implementar en cualquier momento, por ejemplo, escuchando durante dos o tres minutos los pájaros, o los aviones o cualquier otro sonido del ambiente. Para trabajar el olfato puedes emplear una varilla de incienso.

Si dispones de más tiempo, puedes introducir la exploración corporal de los audios 6 y 7 (para niños a partir de diez años). Lo ideal es que los niños realicen esta práctica tumbados, no obstante también pueden hacerla sentados.

El tiempo estimado para realizar la serie de prácticas de atención es de entre seis y ocho semanas, contando con que se hace una práctica diaria de cinco a diez minutos dentro del aula y animándoles a que practiquen además en su casa por la tarde o al acostarse.

No olvidemos que la atención también se desarrolla mediante el yoga. Las posturas de equilibrio son las que más ayudan, pues si los niños no están concentrados, se caen. Algunas posturas, como el árbol, la montaña o la silla, se pueden realizar dentro del aula, pues apenas requieren más espacio que el que ocupa el propio cuerpo; las demás se pueden practicar en aulas más amplias o en las clases de educación física.

Consulta los apéndices 1 y 2, donde encontrarás, junto a las posturas de yoga que más les divierten, unas tablas de registro donde pueden y puedes ir apuntando las prácticas que vais realizando.

En poco tiempo, los niños irán notando una mayor tranquilidad y pueden prestar más atención y les cuesta menos concentrarse. Además, lograrán darse cuenta de todo lo que les pasa. Serán más conscientes de los pequeños detalles de las cosas que los rodean, así como de los pensamientos y emociones que sienten.

3. Introducción de las prácticas de observación de los pensamientos y regulación emocional

Sin duda, estas prácticas constituyen una de las partes más eficaces del mindfulness. Las emociones y los pensamientos que acompañan esas emociones aparecen en el aula día sí y día también.

Conflictos entre alumnos, roces, situaciones de abuso o bullying, nerviosismo antes de los exámenes, niños poco o nada participativos, niños con exceso de confianza o egocentrismo... Las situaciones dentro del aula en las que se puede aplicar la regulación emocional son numerosas.

No obstante, para que estas prácticas sean eficaces es muy importante haber desarrollado previamente la atención, pues si no se ha hecho no nos daremos cuenta de nada. Si no hemos desarrollado la atención no nos enteramos de que estamos viviendo un estado emocional que es transitorio, ni comprendemos que los pensamientos que acompañan ese estado emocional muchas veces son producto de nuestra imaginación o mente pensante, que exagera a causa de nuestro ego.

Veamos cómo proceder: la práctica para poder llegar a observar los pensamientos en tercera persona como si fueras un observador, es decir, para darte cuenta de ellos y no perderte con ellos, está en el capítulo 3, en la meditación de los pensamientos, y se puede practicar en clase durante dos o tres minutos. Consiste simplemente en visualizar tus pensamientos como si fueran nubes que aparecen en tu cielo (mente) y lo atraviesan, y finalmente visualizar como desaparecen. Se repite el mismo proceso para cada pensamiento.

Las prácticas de regulación emocional, en cambio, se ponen en marcha cuando el problema está presente y estamos inmersos en nuestra emoción. Por ejemplo, cuando la proximidad de un examen genera un estado nervioso en el aula, sería conveniente poner en marcha la meditación de la pausa de tres minutos (audio 5).

Esta práctica es realmente útil para muchos momentos del día a día. Lo primero que haces es darte cuenta del estado emocional de nervios en el que te encuentras y de los pensamientos que acompañan a esta emoción. Realizas un par de respiraciones profundas con espiraciones suaves, largas y completas. A continuación tratas de encontrar la manifestación de la emoción en el cuerpo, en este caso puede que haya dolor de estómago o palpitaciones. Se trata de simplemente de observar cómo son esas sensaciones e ir describiéndolas (dolor punzante en la boca del estómago que se acentúa cada cinco segundos, o palpitaciones que suben hasta la garganta), fijándote en que poco a poco se van haciendo más suaves y calmadas. Finalizas sintiendo tu respiración, o las palmas de tus manos o las plantas de tus pies...

En tres minutos consigues pasar de la mente y sus pensamientos repetitivos y negativos a tu cuerpo, que te ofrece un sinfín de sensaciones dispuestas a ser observadas.

Puedes repetir el mismo proceso para todas las emociones que puedan aparecer en clase: enfados, peleas, lloros o inseguridades.

En esta práctica, el profesor ha de acompañar y guiar a los alumnos, pues suelen liarse a la hora de buscar las sensaciones corporales.

Sería muy útil que antes de ponerla en práctica en la clase, la hubieras practicado haciendo regulación emocional. En el audio 8 tienes una regulación de las emociones para niños a partir de once o doce años que puedes usar perfectamente como meditación guiada para aprender a gestionar un momento emocional complejo.

4. Introducción de las prácticas de autocompasión, compasión y gratitud

El proceso de aprendizaje del mindfulness o atención plena se sustenta con una práctica diaria de los ejercicios para desarrollar la atención. Poco a poco vas siendo más consciente de todo, eres capaz de disfrutar de tu entorno, de detectar tus pensamientos y sentimientos. Y además, el hecho de profundizar y conectar con tu ser cada día hace que te conozcas más profundamente y aumente la amabilidad contigo mismo y con los demás, fruto de ese mayor autoconocimiento.

Es conveniente que sigas con las prácticas iniciales de atención plena —la observación de la respiración y de las sensaciones corporales, el trabajo con los pensamientos y con la regulación de las emociones— hasta que consideres oportuno. A partir de entonces va bien introducir las prácticas de autocompasión y compasión.

En el capítulo 4 vimos la importancia de cultivar los pensamientos positivos sobre uno mismo, y la importancia de que las críticas de padres, tutores y profesores fueran constructivas de verdad. Si el niño aprende a generar una actitud de autocrítica destructiva, la imagen que tendrá de sí mismo será muy negativa, y se convertirá en un adulto con graves problemas de inseguridad, miedos e ira hacia él y hacia los demás.

Las prácticas de autocompasión ayudan al niño a formar estructuras neuronales mediante las cuales, desde la edad infantil, el niño aprende a tratarse bien, a quererse de forma sana y a confiar en él y en sus capacidades.

Las prácticas de compasión implican comprensión, y son de gran ayuda en el ámbito escolar. No obstante, el concepto de compasión no suele entenderse correctamente, pues se relaciona la compasión con la pena, la lástima y la debilidad. En mis talleres con los niños acostumbro a hablar de amabilidad, tanto con uno mismo como con los demás; en los cursos para adultos también hay confusión y las explicaciones han de ser muy claras y concretas.

Los niños han de comprender que pueden ser amables no solo con sus amigos o familiares, sino también con personas que no forman parte de su círculo más cercano, como otros profesores del colegio o el portero de su casa o la cajera del súper, e incluso, yendo más allá, con personas que los han menospreciado o les han hecho daño. Y deben llevarlo a la práctica Esta actitud de amabilidad con los semejantes sin duda hará que seamos mejores personas.

Se puede practicar la compasión dentro del aula, trabajando el concepto de humanidad compartida que comenté en el capítulo 5. Significa que todos los seres humanos, igual que nosotros, desean ser felices, tener salud y vivir en paz. Y que todos los seres humanos pasamos antes o después por episodios de tristeza, o de cualquier otra emoción difícil, parecidos. Recordar esto de vez en cuando nos ayuda a ver con más perspectiva la dimensión de nuestros problemas.

Te propongo que dentro del aula trabajes con los audios de autocompasión (audio 12) y compasión (audio 13). Si además puedes introducir cualquiera de las prácticas descritas en el capítulo 4 (las del abrazo cariñoso, el automasaje, el tapping, las prácticas «autoconocimiento», «carta a la autoestima sana», «yo puedo ser más amable», «¿qué bondad veo en ti?» y la de escucha compasiva) o las meditaciones de gratitud de los audios 14, 15 y 16, lograrás que los niños y adolescentes se encuentran mejor con ellos mismos y que el clima de la clase mejore, fomentando una serie de actitudes básicas e imprescindibles de relación y compañerismo, para vivir una vida plena y feliz.

En este extenso tema de autocompasión y compasión, el profesor tiene que valorar qué práctica, cuándo y cómo. Nadie conoce mejor que los docentes las necesidades de los alumnos. No obstante para conseguir una mayor presencia y conexión con los alumnos te animo a que investigues con los audios de autocompasión y compasión que te proporciono.

En muchas circunstancias, las situaciones de estrés que se viven dentro del aula obligan a los docentes a aprender diferentes maneras de protegerse y de cuidarse. Las prácticas de autocompasión son una manera excelente de conectar con lo que se necesita para el propio bienestar en cada momento.

Me gustaría relatar la experiencia de dos profesores que meditan y que han puesto en marcha algunas de las prácticas de mindfulness que han conocido en el camino de su vida y practicado en alguno de mis cursos.

Beatriz Moroño es profesora de primaria en la escuela Valley Crest Elementary de Salt Lake City (Utah). Se formó en mindfulness con uno de mis cursos online, y ha seguido el programa de mindfulness para profesores que se puso en marcha en su distrito escolar.

Lleva un curso aplicando técnicas de mindfulness para niños en la clase. Creó un espacio destinado a ello en el aula, el «rincón de la calma», con cojines, peluches y mantas. Los niños se sientan allí para realizar las prácticas que Beatriz pone en marcha cada día durante unos minutos.

Los niños pueden acudir al rincón de la calma cuando lo necesitan, pidiendo permiso.

Suele realizar con los niños las exploraciones corporales, contrayendo y relajando, que los relajan mucho sobre todo en época de exámenes, además de trabajar directamente la atención. Asimismo, fomenta el desarrollo de los sentidos: el olfato con aceite de lavanda, el oído con un cuenco tibetano o unas campanillas. Después los niños pintan o dibujan las sensaciones experimentadas. Por último, trabajan la observación de la respiración durante unos minutos.

Los niños se ponían muy nerviosos antes de los exámenes, y en cambio ahora consiguen calmarse. Varios de los niños de su clase son muy movidos, pero consiguen mostrar un comportamiento más tranquilo, sobre todo los días que hacen ejercicios corporales, como caminar con el sonido y asanas de yoga.

Las prácticas del abrazo cariñoso, las manos curativas o el masaje les ayudan a cultivar un clima de amabilidad con ellos mismos, con los compañeros y con Beatriz.

Todo es más fácil así.

José Amado Seco es profesor del Instituto Ezequiel González de Segovia. José se formó en yoga y meditación zen con el *swami* Narayana Chaitanya en Harrera Etxea (Eskoriatza) en los años ochenta, pero abandonó la práctica de la meditación. Un tiempo después decidió refrescar las técnicas de meditación *vipassana* en uno de mis cursos presenciales de mindfulness, con el objetivo de utilizarlas en clase y beneficiar a sus alumnos.

José enseña filosofía y psicología a estudiantes de bachillerato y cuarto de la ESO.

Con los adolescentes de cuarto de la ESO realiza implícitamente meditaciones de desarrollo de la atención, como la observación de la respiración y las sensaciones físicas y exploraciones corporales. En la preparación del viaje de estudios de final de etapa, trabaja especialmente la formación del grupo y lo instruye para que experimente y sienta la belleza del momento presente durante los días que pasan en Italia.

En cuanto a la formación del grupo insiste sobre todo en los pequeños detalles que pueden convertir el viaje en una experiencia de descubrimiento de uno mismo y de los demás, insistiendo en que «pequeños males traen grandes bienes y pequeños bienes traen grandes males».

En cuanto a la observación de las obras de arte que contemplarán durante el viaje, hace hincapié en la experiencia estética: apreciar los objetos por sí mismos liberándolos de otros deseos y motivaciones. Así, los alumnos asimilan una iglesia de Borromini a través de las sensaciones, o la de Bernini de una forma más visual, prestan atención al hecho de entrar en el Panteón coincidiendo con una tormenta, contactan con la piedra viva del *David* de Miguel Ángel o disfrutan la saludable experiencia de perderse por Venecia.

José trabaja la compasión y el compañerismo aplicando un código de conducta ética durante el viaje basado en el respeto y la comunicación que mejora el funcionamiento del grupo.

Con los alumnos de segundo de bachillerato ha puesto en marcha una serie de prácticas en las clases de psicología para ayudar a los alumnos a superar el estrés que supone el curso final del bachillerato y la prueba de la EBAU, con la que saben que se juegan el futuro en la universidad. Estas prácticas consisten en la exploración corporal, la relajación, la respiración consciente y la visualización de situaciones estresantes, como los exámenes. Les sirve especialmente la meditación de la montaña, que lleva implícita una visualización en la que identificándose con la montaña uno permanece imperturbable ante los fenómenos cambiantes de la naturaleza. Pasan las nubes, las estaciones... Cambia la superficie de la montaña, pero su esencia permanece inmutable. Este grupo de alumnos se ha comprometido a practicar al menos veinticinco minutos diarios.

La cualidad de la presencia y la atención ha hecho que José mejorase la relación y la comunicación con los jóvenes adolescentes, y el conocimiento de sus necesidades.

Los resultados de las prácticas en los alumnos son: aumento de la atención y la concentración, reacción positiva al pensamiento de «¡No me lo sé!» antes de los exámenes, mayor respeto en el aula y fuera del aula, y mayor conocimiento de sí mismos.

La unidad infinita del Alma es la aprobación eterna de toda moralidad.

Tú y yo no somos solo hermanos —todos los combates del ser humano por la libertad lo han enseñado siempre—, tú y yo somos uno. Ese es el precepto de la filosofía india.

Esta unidad es el fundamento razonado de toda ética y de toda espiritualidad.

Swami Vivekananda

CAPÍTULO 7

LA VIDA MINDFUL: VIVIR EL MINDFULNESS EN EL DÍA A DÍA

Hace un momento estaba mirando el árbol que se ve a través de la ventana. Ya lo había visto antes, pero esta vez ha sido diferente. La percepción externa no ha cambiado mucho, aunque los colores parecían más brillantes y vibrantes. Sin embargo ahora el árbol tenía una dimensión añadida. Resulta difícil de explicar. No sé cómo, pero he tomado conciencia de algo invisible que sentí, que es la esencia de ese árbol, su espíritu interno, si quieres llamarlo así. Y, de algún modo, yo era parte de él. Ahora me doy cuenta de que en realidad antes no había visto el árbol, tan solo su imagen plana y muerta. Cuando vuelvo a mirarlo, parte de esa conciencia sigue estando presente, pero siento que se va disipando. La experiencia ya está retrocediendo hacia el pasado. ¿Puede una experiencia así ser algo más que un destello fugaz?

ECKHART TOLLE

LA INTENCIÓN

A estas alturas del libro, espero haberos convencido de la importancia de la meditación, y me encantaría que vuestro espíritu estuviera decidido a meditar.

Imagino que habréis experimentado diferentes emociones respecto a vosotros y vuestros hijos o alumnos que tal vez han despertado sentimientos que os incitan a introducir nuevas formas de relacionaros con vuestros hijos y alumnos y que os han hecho tomar la decisión de iniciaros en las prácticas de introspección que proporciona el mindfulness.

¡Enhorabuena! Es la mejor decisión que podéis haber tomado: meditar para vuestro propio bienestar, para vivir presentes, para convertiros en un padre o una madre atenta y para practicar con vuestros hijos o alumnos.

Sin embargo, antes de comenzar, os aconsejo que os sentéis y escribáis sobre la intención con que os proponéis hacer este cambio en vuestra vida.

Ser consciente de las intenciones hace que nuestras acciones sean más coherentes con nuestros valores y más concretas, y que estén mejor enfocadas. La decisión de iniciaros en el camino de la meditación con una intención magnífica puede convertirse en una gran fuente de frustración cuando no practicáis convenientemente, o al cabo de un tiempo dejáis de practicar.

Dedicad el tiempo que sea necesario a definir bien vuestra intención, es muy importante tenerla clara, pues habrá momentos de flaqueza en los que desearéis tirar la toalla, y entonces será cuando la intención os ayudará a seguir, a continuar.

PRIMERO INTENCIÓN, SEGUNDO COMPROMISO

Compromiso es confiar en todo esto. Es fuerza, es diligencia.

Hasta que no hay compromiso parece que surgen dudas sobre la eficacia del mindfulness.

El camino de la transformación comienza por el compromiso con uno mismo.

Es necesario un compromiso con una práctica diaria: «Ningún resultado puede venir de hacer lo mismo», según Einstein.

LO IMPORTANTE Y LO URGENTE

Ya hemos comentado que el estrés provoca desgaste y enfermedades. El problema radica en no conocer nuestro nivel de tolerancia al estrés debido al desconocimiento de nosotros mismos y a que no nos damos tiempo para descansar y recuperarnos de las presiones recibidas.

Hay personas que gestionan muy bien el estrés, y hay otras que no. Saber gestionarlo depende de la madurez emocional.

Se impone una seria reflexión sobre el tiempo que dedicamos al trabajo y a las obligaciones, y el tiempo que nos dejamos para el descanso, la recuperación y el bienestar.

Hemos de aprender a planificar bien las cosas y a organizarnos para poder dedicarnos ese tiempo tan necesario para la práctica.

Hemos repetido varias veces que sin práctica no hay cambios, nuestra vida no será mindful y probablemente seguiremos ocupándonos de los asuntos urgentes y superficiales, con la cabeza llena de pensamientos que nos impiden disfrutar de las maravillas que nos ofrece el presente. ¡Seguiremos viviendo con el piloto automático activado!

Por lo tanto, lo más conveniente es que aprendamos qué diferencia hay entre lo importante y lo urgente. Lo importante son las acciones que nos dedicamos a nosotros mismos, a la introspección, a aprender a relajarnos, a cuidarnos, a fomentar nuestra salud, al deporte, a pasear por la naturaleza, a estar presente en la familia. Lo urgente, en cambio, son esas actividades que figuran en nuestra lista de tareas pero que son superficiales, que nos ocupan tiempo sin que nos aporten nada.

No es necesario hacer un curso de gestión del tiempo para simplemente optar por lo importante.

Es importante saber decir que no a la mente y saber salir de la tiranía de la perfección. Si hacemos cien cosas, el ego nos pedirá hacer ciento cincuenta, y creeremos que podemos y debemos hacerlas. Y eso sería una locura en la que no tenemos que caer.

En mis cursos para adultos preparamos una programación diaria que, en función de los horarios y tiempo libre de cada persona, sirva de guía para practicar cada día. Así, una vez terminado el curso, los asistentes tienen claro cómo y cuándo van a poder dedicarse a su ratito.

Os animo a que de nuevo cojáis papel y bolígrafo y anotéis las actividades de cada día desde que os levantáis hasta que os acostáis. Después de planificados los tiempos de trabajo, de aseo, de compra y de estar con la familia, aprovechad para fijar entre treinta y sesenta minutos diarios que os dedicaréis a vosotros mismos.

En el caso de los niños es más fácil. Es importante que haya continuidad en la práctica dentro de las aulas, una vez terminados los talleres de mindfulness que puedan haber realizado, o que practiquen cada día con los padres.

Si tenemos el acierto de engancharlos haciendo que se lo tomen como un juego, que entiendan que ese rato es para disfrutar en familia, que comprendan y sientan que no son actividades académicas y que realmente son importantes y les ayudan en todos los ámbitos de su vida, los niños seguirán practicando.

Hay que tener en cuenta que el cerebro de los niños está en pleno desarrollo y con más capacidad para incorporar nuevas habilidades. Cuando aprenden las técnicas y notan los beneficios, seguirán practicándolas y constituirán una estrategia muy poderosa que usarán toda la vida.

Con todo ello se crearán las estructuras neuronales del bienestar. Es más fácil mantener las que se han creado en la infancia que crearlas de nuevo cuando somos adultos.

ALGUNOS CONSEJOS PARA VIVIR EN MODO MINDFULNESS

Como he comentado a lo largo del libro, las prácticas de meditación constituyen la práctica formal del mindfulness. La práctica informal es la que vamos desarrollando día a día en nuestros quehaceres cotidianos.

A medida que vamos meditando, nuestra vida va cambiando poco a poco, nos vamos transformando, estamos más atentos a todo y podemos apreciar la belleza de las cosas que nos rodean y que antes no advertíamos. Además, somos conscientes de la naturaleza de nuestros pensamientos y emociones.

Nos damos cuenta de que la meditación no son los veinte o treinta minutos que nos sentamos a practicarla, sino que está presente en cada momento del día.

Este vivir centrados en el presente es el verdadero tesoro del mindfulness.

Y esto hay que practicarlo, pues debido a nuestra cultura y a nuestra ajetreada cotidianidad, empleamos demasiado tiempo en justo lo contrario. Es decir, en pasar por la vida sin ser conscientes del momento presente. Nos dejamos llevar por nuestros pensamientos y emociones, experimentando la ansiedad, la ira, los miedos y la triste-za, y cada vez se nos hace más difícil liberarnos de estos patrones que probablemente hayamos adquirido de pequeños.

Cuando nos fijamos atentamente en cada acción de nuestra vida y estamos presentes de verdad, olvidamos los problemas del pasado y las preocupaciones futuras.

Cuanto más practicamos la atención plena, más peso tiene en nuestras vidas.

Cuanto más practicamos la atención plena, más libres y felices nos sentimos.

Por último mi intención es proporcionaros una serie de consejos que os ayudarán a practicar, vivir y experimentar el mindfulness en el día a día.

> Influir en la calidad del día, esa es la más elevada de las artes.
>
> H. D. Thoreau, Walden

CONSEJOS PARA LA PRÁCTICA FORMAL DEL MINDFULNESS

- Crea un rincón de meditación para ti y tu familia con una alfombra, esterilla de yoga, cojín o zafú de meditación, una luz tenue, incienso y música suave, y no lo uséis para nada más. Será vuestro espacio sagrado. Procurad practicar todos los días a la misma hora. Hemos visto que Beatriz, profesora que se ha formado en mindfulness, ha preparado un espacio en su aula para que los niños lo identifiquen como espacio de tranquilidad, recogimiento y práctica de mindfulness.

- Siéntate a meditar cada día, aunque sean solo unos minutos, pues cada vez tu mente te pedirá más. Medita con tus hijos también a diario.
- No te marques objetivos a la hora de meditar. Al principio la cuestión es adquirir el hábito, no, por ejemplo, hacer una meditación de treinta minutos centrada en el sonido. Hay que ir aprendiendo a escucharse porque puede que un día te venga bien trabajar las sensaciones corporales y otro, la regulación emocional porque estás atravesando un momento emocional complejo.
- Con los niños es lo mismo: no tienen que sentirse obligados a realizar una u otra práctica. Si están tristes o preocupados, ellos mismos querrán bajar en el ascensor del cuerpo para liberarse de esos sentimientos, o puede que lo que les apetezca sea hacer alguna asana de yoga.
- Alimenta tu práctica y la de tus hijos o alumnos con cuidado y atención constantes, como si regaras una planta.

- Considera tu práctica como una forma de alimentar tu espíritu y no como otra de las actividades que constan en tu lista de tareas pendientes.
- Explora maneras de inspirarte para reanudar tu práctica. La lectura es conveniente e inspira, pero no sustituye al tiempo de meditación.
- Practica con otras personas, en familia o con los alumnos. La energía que se crea en un grupo de gente que medita es muy especial y facilita el propio proceso introspectivo.
- Si dejas de practicar durante un tiempo, siempre puedes volver a empezar. Abandona el pasado y el sentimiento de frustración y culpa. Comienza de nuevo con tu intención precisa y la actitud de «Hoy es el primer día de una nueva vida».
- Te resultará muy útil escribir tus experiencias, tus dificultades y tus progresos en un cuaderno de meditación.

CONSEJOS PARA LA PRÁCTICA INFORMAL DEL MINDFULNESS

- Al despertarte por la mañana concéntrate en la respiración y detente a observar cinco respiraciones. Cuando despiertes a los niños, pídeles que hagan lo mismo antes de saltar de la cama.

- Presta atención plena a cómo te cepillas los dientes, te lavas, te peinas, te vistes, te calzas, trabajas, conduces, cocinas, juegas... Al principio te parecerá raro, pero con la práctica formal irás aprendiendo a realizar con curiosidad y mente de principiante cada una de las acciones del día. Y sin esfuerzo. Si te lavas los dientes o te peinas con la mano derecha, inténtalo con la izquierda, y verás como hay que estar muy presente y consciente para hacerlo. Esto a los niños les divierte mucho.

- Busca varios momentos a lo largo del día para fijarte en la respiración. Puedes poner la alarma y hacer una pausa de tres minutos cada dos o tres horas. Intenta no dejar esta minipráctica solo para momentos de estrés. Con tus hijos, aprovecha momentos como el rato antes de merendar o antes de acostarse. Y si eres profesor, utiliza cualquier pausa antes o después de cada clase, o incluso algún instante de tensión antes de continuar con las tareas.

- Observa de vez en cuando, o al cambiar de postura, cómo están tu cuerpo y tu mente. Trata de sentir las tensiones que se van acumulando. ¿Se ha instalado la tensión en alguna zona de tu cuerpo? ¿En el cuello, los hombros, las mandíbulas, la zona lumbar, el estómago...? Relaja estas partes con espiraciones largas y suaves. Si tus hijos tienen algún tipo de dolor tensional, anímalos a realizar esta operación antes de darles un analgésico. Muchas veces estos dolores desaparecen solos cuando les hacemos caso.

- Identifica todas las sensaciones que puedas, por ejemplo, el aire que te acaricia la cara. Anima a los niños a sentirlo cuando estéis en el campo o en el parque.

- Cuando estés en una cola, aprovecha para practicar el mindfulness. Sé consciente de que estás de pie, de tu respiración, nota el contacto de tus pies con el suelo. ¿Cómo se siente tu cuerpo? Nota como tu abdomen se hincha y se deshincha. ¿Te has impacientado? ¿Se impacientan los niños? Anímales a hacer lo mismo.

- Escucha con atención los sonidos, no solo el canto de los pájaros, también el ruido de un claxon o de los aviones, y trata de no juzgarlos ni positiva ni negativamente. Puedes calificar los sonidos con adjetivos como «suave», «estridente», «agudo», «grave»... Cuando vayas con tus hijos o estés con tus alumnos y se oiga algún sonido, ínstales a que lo escuchen con atención.

- Procura hacer yoga o algún otro ejercicio físico de manera consciente, una vez al día. Disfruta haciendo asanas de yoga con los niños.

- El acto de comer constituye una parte importante del día, y al menos dos de las comidas del día las realizamos en familia. Es un buen momento para practicar la **alimentación consciente o** *mindful eating*: Así, evita al menos en una comida diaria distracciones como la televisión o el teléfono, y aprovecha para observar, oler, escuchar, tocar y saborear. Recréate con las sensaciones que provoca la comida en la boca, mastica despacio y traga suavemente. De esta forma conseguirás comer sin ansiedad e incluso bajar peso, pues comerás más despacio y te saciarás antes. Pero la alimentación consciente sobre todo hace que nos queramos porque sentimos que comer con atención también es una forma de querernos y cuidarnos.
- Agradece lo que comes, y practica la compasión deseando que los que no tienen las necesidades básicas cubiertas, las tengan.
- ¿Puedes ver la luz del sol, la lluvia, la tierra, el agricultor, el transportista, el dependiente, el cocinero? Dales las gracias una vez más a todas aquellas personas que han hecho posible que tengas ese plato de comida delante de ti.
- Haz una pequeña práctica de autocompasión solo, o con tus hijos o alumnos,

antes de comenzar el día. Por ejemplo, al terminar de ducharte o de desayunar, o antes de comenzar las clases, ponte las manos en el corazón y dite a ti mismo:

- » Soy feliz.
- » Hoy es otro maravilloso día de mi vida.
- » Me quiero y me cuido.

Puedes introducir alguna frase compasiva como esta:

- » Deseo que los demás sean felices y estén libres de la enfermedad y la desgracia.

- Presta atención plena al escuchar y al hablar. ¿Puedes escuchar sin estar de acuerdo o en desacuerdo con lo que oyes, sin que eso te agrade o te disguste, y sin pensar qué vas a responderle a tu interlocutor? Al hablar, ¿puedes decir lo que quieres decir sin exagerarlo o minimizarlo? ¿Cómo está tu cuerpo y tu mente cuando hablas o comunicas? Anima poco a poco a tus hijos y alumnos a comunicarse conscientemente, con respeto y amabilidad.
- Practica el agradecimiento siempre que puedas y da las gracias de corazón por algo, algo pequeño e intangible: ver un pajarillo, poder tener agua caliente, ob-

servar la luna o la puesta de sol. Y procura escribir tus agradecimientos diarios en tu cuaderno.

- Haz lo mismo con los niños, cómprales un cuaderno chulo e invítales a anotar sus agradecimientos cada noche.
- Progresivamente desarrollarás una forma de **atención especial llamada «atención abierta»**. Te pongo un ejemplo: cada mañana temprano antes de comenzar con mis obligaciones suelo dar un paseo por el campo que hay cerca de mi casa. Comienzo a caminar sintiendo mis pies en la tierra y, despacio, empiezo a desplazar los pensamientos sobre mis obligaciones que me vienen a la cabeza. Puede que por la noche haya llovido, y mi atención a las sensaciones cuando camino se ve desplazada por el olor a tierra mojada. Entonces disfruto de ese olor. Y respiro profundamente dos o tres veces, espirando suavemente. A lo mejor siento alguna sensación en la nariz y me quedo un rato observando esa sensación. A veces noto la brisa o el viento fuerte en la cara. O puede que al comienzo de la primavera me fije en los primeros brotes de las hojas de los árboles, con ese color tan verde limón. La vista a veces se desplaza hacia las gotas de rocío de los tallos de cereal o hacia los majestuosos árboles. Lo admiro. El canto de los pájaros me acompaña, agradezco su presencia y los escucho con atención. Aprecio la belleza de ese campo, de ese paseo, cada día. Es cómo un balón de oxígeno.
- Sin buscar nada, simplemente dejando que todo llegue cuando haya de llegar.

Verás como todo surge cuando pones atención intencionalmente en cada momento de tu vida, el mindfulness implica estar en el momento presente, experimentando a corazón abierto y con amabilidad contigo mismo.

¡Vivirás la felicidad en las cosas más pequeñas de la vida!

Y te darás cuenta de que la vida es ahora.

APÉNDICE 1

RELACIÓN DE POSTURAS DE YOGA Y ACROYOGA PARA NIÑOS

Ya comenté en el apartado sobre yoga del capítulo 2 que al menos la mitad de mis clases de una hora de duración las comenzamos con yoga. Todas las posturas, practicadas prestando atención bien a la respiración bien a las sensaciones que van apareciendo en el cuerpo, tanto de esfuerzo muscular como de relajación, se consideran herramientas fundamentales para el desarrollo de la atención plena o mindfulness.

Inicio la clase con un calentamiento basado en el saludo al sol. A los más mayores, en cuanto conocen la secuencia, les dejo guiar la serie de asanas que forman este saludo. Les divierte y les genera sentido de la responsabilidad. Después continuamos con el resto de las asanas o posturas de yoga. A menudo trabajan en parejas, se ayudan y enseñan mutuamente.

Con los más pequeños, el yoga se practica como un juego y empleando historias o cuentos. Les divierte mucho imaginar, por ejemplo, que hacen un viaje a la selva y van imitando las posturas de los animales que encuentran o los medios de locomoción que utilizan para llegar a ese lugar.

Las posturas de yoga combinan flexibilidad y fuerza, exigen concentrarse en las posturas y la respiración, armonizando y equilibrando todo el sistema nervioso. La práctica de yoga refuerza de forma muy importante la concentración y atención.

La realización de una pose de yoga, que requiere esfuerzo, estilo, disciplina, confianza y atención a lo que está pasando en el cuerpo, es un motivo de alegría y satisfacción. Igual que las prácticas de meditación en las que los niños observan las sensaciones cuando respiran y las sensaciones en el cuerpo, la práctica de yoga les hace desconectar sus mentes ocupadas para vivenciar el bienestar, la paz y la conexión con uno mismo y con los demás.

Las posturas que detallo a continuación son posturas seguras, si bien hay que advertir a los niños que sigan todos los pasos establecidos a la hora de formarlas. Incluso la postura sobre la cabeza es una postura carente de peligro si se construye paso a paso.

Respecto a las series de asanas o posturas que se realicen en las clases, no hay ningún orden determinado, aunque es conveniente realizar un calentamiento previo y alternar las posturas en las que se potencia la extensión de la columna vertebral con las que trabajan la flexión. Y terminar, si se desea, con acroyoga o asanas de equilibrio.

1. Postura de la flor de loto o *padmasana*
Es la postura de meditación clásica. Los niños se sientan en el suelo o cojín de meditación con las piernas cruzadas al estilo «indio». Ambos talones pueden estar alineados el uno con el otro de tal forma que las rodillas se apoyen en el suelo y se forme una base mayor para mantener la espalda recta.

La postura original de la flor de loto es una postura más compleja en la que los pies van encima de los muslos. Es una postura para yoguis avanzados, yo no la trabajo en las clases porque los niños no suelen tener la flexibilidad necesaria y porque es un poco dolorosa. Para mantener durante varios minutos las meditaciones es más práctico quedarse con la variante más sencilla.

Levantando las pantorrillas del suelo y metiendo los brazos debajo de las piernas se puede formar a una variación del loto, que es la postura de la flor.

2. Saludo al sol o *surya namaskar*

Realizo tres o cuatro vueltas de esta serie de poses o asanas para que calienten los músculos y las articulaciones. Una vez que aprenden la serie, dejo que la guíen ellos.

Aprovecho para hablar de la importancia que tiene el Sol para el planeta Tierra y para nosotros, y así le doy a este saludo una orientación de agradecimiento.

Postura de la montaña o *tadasana* (a); en la ilustración corresponde a la figura representada en el punto de las 12.00, y el resto de las posturas van apareciendo en el sentido de las agujas del reloj). Estando de pie con las manos juntas en el área del pecho o corazón, les dejo unos instantes con los ojos cerrados para que comiencen a sentir su cuerpo, su respiración y su fuerza. Inspiran y suben los brazos hacia el cielo, mentalmente o verbalmente damos las gracias al Sol, sintiendo cómo los rayos del Sol nos calientan y permiten la vida en la Tierra (b). Espiran y bajan el tronco hacia la postura de la **flexión hacia delante, pinza de pie o *uttasana*** (c). Bajan ambas manos al suelo bien abiertas y extendidas, e inspirando llevan la pierna izquierda hacia detrás dejando la pierna derecha doblada entre las manos en ángulo recto. Esta es la **postura del corredor** (d). Llevando la pierna derecha hacia detrás, espirando, forman

la **postura de la tabla** (e), que consiste en formar una línea recta desde la coronilla hasta los pies. Inspirando desde la tabla, activan el abdomen y bajan las rodillas al suelo para luego espirar y bajar el tronco al suelo; esta postura sería la **variante sencilla del bastón o *chaturanga dandasana*** (f). Si pueden bajar sin apoyar las rodillas, activando fuertemente el abdomen y los tríceps, estarían en *chaturanga dandasana*.

Después vendría una inspiración y estirando los brazos entrarían en la postura de la **cobra o *bhujangasana*** (g).Si no llegan a estirar los brazos completamente o están cansados, pueden apoyar los antebrazos en el suelo formando una variante más sencilla de la cobra que es la **esfinge**.

En la siguiente espiración suben las caderas al cielo entrando en la postura del **perro boca abajo o *adho mukha svanasana*** (h), que se ajusta dando un pasito hacia delante. Suben las caderas hacia el cielo, el pecho baja al suelo y los talones también bajan al suelo. Es como una V al revés o como el pico de una montaña.

Inspiran y llevan la pierna izquierda hacia delante, entre las dos manos, formando un ángulo recto, y vuelven a la **postura del corredor** (i), pero ahora con la otra pierna.

En la espiración adelantan la pierna derecha y forman de nuevo la **flexión hacia delante, pinza de pie o *uttasana*** (j).

En la inspiración suben el tronco con la espalda y los brazos rectos (k) hacia *tadasana* o la montaña, manteniendo unos segundos esta postura inicial, para dar paso a la segunda vuelta del saludo al sol cambiando de pierna, es decir, ahora comenzarían llevando la pierna derecha hacia atrás en la primera postura del corredor.

Una vez finalizadas las series de saludos al sol, les podemos pedir que se mantengan en *tadasana* o la montaña unos segundos y que observen cómo está su cuerpo después de haber realizado estos ejercicios, que se fijen en el corazón y que sean conscientes de que poco a poco se va calmando.

Hay una variación sencilla del saludo al sol que se practica en un tipo de yoga basado en series de asanas practicadas de manera fluida (*vinyasa* yoga). Consiste en saltar desde la pinza de pie o *uttasana* hacia detrás con ambos pies, y en saltar hacia delante estando en perro boca abajo o *adho mukha svanasana*, flexionando primero las piernas, para volver a pinza de pie o *uttasana*.

No es tan técnico como el saludo al sol básico, pero a los niños les divierte mucho la variación de los saltitos.

Podéis visualizarlo en los vídeos que encontraréis en **www.micursomindfulness. com**, apartado audiovisuales «Niños atentos y felices con mindfulness».

3. **Postura del cadáver o** *savasana*

Cuando en la parte de las meditaciones comento que se pueden realizar tumbados en el suelo me estoy refiriendo a esta postura: tumbados en la esterilla boca arriba con las piernas separadas y las puntas de los pies cayendo hacia fuera, las manos con las palmas hacia arriba o en el corazón, si estamos trabajando la autocompasión.

Se pueden elevar las rodillas ligeramente con un cojín o una manta si hay molestias en la zona lumbar.

4. **Postura del niño o** *balasana*

El niño forma una bolita, sentándose sobre sus talones y llevando el tronco hacia delante. La frente toca el suelo y los brazos rodean el cuerpo.

Constituye una postura de descanso que se puede practicar entre otras más activas. Es una postura introspectiva, en la cual el niño puede observar las diferentes sensaciones que experimenta en el cuerpo, o su respiración. Se puede mantener durante 4 o 5 respiraciones, y hasta algunos minutos. Se deshace en la espiración.

5. Postura de la pinza o *paschimotasana*

Sentado en el suelo con las piernas extendidas y los pies en flexión, el niño inspira y sube los brazos al cielo. Al espirar, comienza a bajar el cuerpo hacia las piernas, llevando las manos a los pies o las piernas. Baja con la espalda lo más recta posible y tiene las piernas activas.

Se mantiene la postura durante 4 o 5 respiraciones y se deshace en la espiración.

En esta postura se estira la columna y se masajean los órganos abdominales.

6. Postura con torsión vertebral sentada o *marichyasana*

El niño comienza sentado en el suelo con las piernas extendidas. Dobla la rodilla izquierda y la cruza por encima de la pierna derecha. Coloca el pie cerca del muslo derecho. Lleva el tronco hacia delante y abraza la rodilla izquierda con el brazo derecho haciendo palanca para que el torso gire hacia la izquierda.

La postura se deshace espirando suavemente y se repite hacia el otro lado.

Se mantiene 4 o 5 respiraciones por lado.

Esta postura estira el cuello y la espalda, masajea los órganos internos y elimina toxinas. Todas las poses que impliquen torsión de la columna ayudan a desintoxicar.

7. Postura de la cobra o *bhujangasana*

Comenzamos esta postura tumbados boca abajo. Colocamos las manos debajo de los hombros e, inspirando y haciendo fuerza con los brazos, levantamos el tronco hacia arriba y miramos al cielo. Los brazos permanecen pegados al tronco.

Mantenemos la postura 4 o 5 respiraciones.

La deshacemos en la espiración.

Esta postura abre el pecho, los hombros y la garganta, flexibiliza la columna vertebral y refuerza la zona lumbar. Da energía a la mente.

Si los niños no llegan a estirar los brazos completamente porque tienen poca elasticidad en la columna lumbar o están cansados, pueden apoyar los antebrazos en el suelo formando una variante más sencilla de la cobra que es la esfinge.

8. Postura del puente o *setu banda sarvangasana*

El niño comienza esta postura tumbado boca arriba, doblando las rodillas y llevando los pies hacia las caderas, separados dejando entre ellos la anchura de las caderas. Levanta los brazos por encima de la cabeza y coloca las manos debajo de los hombros.

Inspira y eleva las caderas activando fuertemente los glúteos, las piernas y los brazos.

Mantiene la postura 4 o 5 respiraciones. La deshace en la espiración apoyando las caderas primero y luego el resto del cuerpo.

Esta postura abre el pecho, los hombros y la nuca, estimula la tiroides y el sistema nervioso, mejora la flexibilidad de la columna vertebral y de los hombros, da energía a la mente y reduce el estrés.

9. Postura de la vela, postura sobre los hombros o *sarvangasana*

Para comenzar esta postura, el niño se tumba boca arriba, dobla las rodillas hacia el pecho y eleva ambas piernas al cielo. Las manos las pone en la espalda, hacia los omoplatos o la cintura, según la flexibilidad del niño, para ayudar a mantener la postura lo más vertical posible. Los hombros se rotan para apoyarlos en el suelo y poder colocar más vertical el cuerpo.

La postura se mantiene 4 o 5 respiraciones. Se deshace en la espiración apoyando vértebra tras vértebra desde las cervicales.

Esta asana flexibiliza el cuello, los hombros y toda la musculatura asociada. Mejora la circulación al ser una postura invertida. Estimula la glándula tiroides.

No conviene hacerla cuando hay lesiones en el cuello.

10. Postura del arado o *halasana*

Esta postura suele hacerse a continuación de la vela o *sarvangasana*. Una vez se ha formado la vela, se llevan lentamente las piernas hacia atrás por encima de la cabeza.

Si se toca el suelo con los pies se pueden llevar las manos al suelo para impulsar ligeramente el cuerpo. Si no llegan los pies al suelo se puede colocar un cojín o zafú para apoyarlos.

Se mantiene 4 o 5 respiraciones. Se deshace en la espiración apoyando vértebra tras vértebra desde las cervicales.

Esta asana alivia los dolores de espalda, también estimula la tiroides, calma la mente y alivia el estrés.

No hay que practicarla si se padecen lesiones en el cuello.

11. Postura del pez o *matsyasana*

Esta postura acostumbra a seguir a la del arado o *halasana*, buscando una extensión de la columna vertebral después de la flexión tan potente que supone el arado o *halasana*.

Estando tumbado boca arriba con las piernas juntas y los pies estirados, el niño coloca los brazos extendidos con una mano sobre la otra debajo de las caderas. En la inspiración dobla los brazos elevando a la vez el pecho hacia el cielo y dejando caer la cabeza suavemente hacia detrás hasta que toque el suelo. Se puede poner un cojín debajo de la cabeza si no se tiene la suficiente elasticidad en el cuello. El peso está en los codos, no en la cabeza.

Se puede mantener la postura 4 o 5 respiraciones. Se deshace en la espiración empujando desde los codos hacia el suelo y levantando la cabeza y el tronco, o bien estirando los brazos en el suelo y apoyando el cuerpo para levantarse normalmente.

El pez o *matsyasana* refuerza los músculos de la parte superior de la espalda, el cuello y los hombros. Abre la zona del pecho o plexo cardiaco.

La apertura del pecho en las asanas de yoga genera amor y respeto hacia uno mismo y compasión.

No está indicada cuando existen lesiones en el cuello.

12. Postura del camello o *ustrasana*

Se trata de una postura de extensión de la columna. El niño empieza arrodillado, con las rodillas juntas o ligeramente separadas, y lleva el cóccix hacia delante a la vez que apoya una o las dos manos en los talones. La cabeza la inclina hacia atrás y la mantiene en línea con el pecho.

Una variante más ligera en la que no se potencia tanto la curvatura lumbar es no llegar con las manos a los talones y dejarlas en la zona lumbar.

Puede mantenerse la postura 4 o 5 respiraciones. Se deshace en la espiración llevando las caderas al suelo.

El camello o *ustrasana* refuerza y estira los músculos de la parte superior de la espalda, el cuello, el torso, los hombros y la garganta. Abre la zona del pecho o plexo cardiaco.

Refuerza las piernas, la pelvis y las lumbares.

Reduce el estrés, proporciona energía y genera amor y respeto hacia uno mismo y compasión.

No conviene practicarla en caso de sufrir lesiones en el cuello.

13. Postura del héroe o *virasana*

Arrodillado en el suelo, el niño lleva las caderas hacia atrás y coloca las nalgas entre las piernas, manteniendo la curva natural de la columna vertebral. Si tiene molestias en las rodillas, se puede colocar una manta debajo de las nalgas. Puede llevar los brazos hacia el cielo presionando las palmas.

El niño mantiene la postura 4 o 5 respiraciones y la deshace en la espiración. Se puede prolongar durante un par de minutos fomentando la introspección.

Esta postura elimina el cansancio y estira y flexibiliza el cuádriceps.

14. Postura del arco o *dhanurasana*

Tumbado boca abajo, el niño apoya el mentón en el suelo y lleva las manos hacia atrás para agarrarse los pies, inspira y elevar el torso a la vez que las piernas, con la ayuda de los brazos, que van hacia arriba.

Puede permanecer 4 o 5 respiraciones en esta postura, y la deshace soltando las manos y espirando.

Esta postura activa y flexibiliza la columna vertebral, estira toda la parte anterior del cuerpo y abre pecho y garganta.

El arco da energía a la mente, reduce el estrés y genera amor y respeto hacia uno mismo y compasión.

No debe practicarse si hay lesiones en la espalda.

15. Postura del triángulo o *utthita trikonasana*

Esta postura se realiza de pie. Abriendo los brazos en cruz, se da un gran paso con el pie izquierdo de tal forma que queden los pies perpendiculares. Se desliza el tronco hacia la izquierda y se baja de forma lateral hacia el suelo para tocar con la mano izquierda la pierna izquierda o el suelo si se llega. El brazo derecho se orienta hacia el cielo y se dirige la mirada a la mano derecha.

Es importante mantener activados el cuádriceps izquierdo y el abdomen, y sentir el gran estiramiento lateral en el lado derecho del cuerpo.

Esta postura se mantiene 4 o 5 respiraciones y luego se practica hacia el otro lado.

El triángulo favorece la digestión, alivia los dolores de la zona lumbar de la espalda y la zona ciática, estira las pantorrillas, los músculos isquiotibiales y las ingles. Aumenta la resistencia muscular.

Desarrolla la voluntad, activa la mente y reduce el estrés.

A partir de este punto, las asanas que explico a continuación están relacionadas con el equilibrio. Algunas son más acrobáticas que otras y muchas de ellas se realizan en parejas.

Para los niños es la parte más divertida de la clase. ¡No permiten que nos saltemos las prácticas de equilibrio o acroyoga!

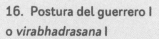

16. Postura del guerrero I
o *virabhadrasana* I

Estando de pie, el niño da un gran paso hacia delante con la pierna izquierda, doblándola de tal manera que llegue a formar un ángulo recto o casi recto. El talón del pie derecho se puede o bien dejarlo en el suelo o bien levantarlo para fomentar más el equilibrio. Los brazos se estiran hacia el cielo. El tronco se orienta al frente.

Los cuádriceps y el abdomen están muy activos. Conviene pedir al niño que sienta la fuerza de esta postura.

El guerrero I se mantiene 4 o 5 respiraciones y luego se practica con la pierna derecha. Se deshace la postura en la espiración.

Fortalece las piernas y la espalda. Activa la mente y la fuerza de voluntad.

17. Postura del guerrero II
o *virabhadrasana* II

El niño está de pie y da un gran paso hacia el lado derecho con la pierna derecha, a la vez que abre los brazos. Mueve el pie derecho de tal forma que quede perpendicular respecto al pie izquierdo. Dobla la rodilla derecha para formar un ángulo recto con dicha pierna. Las caderas están alineadas con las piernas; en esta postura de apertura lateral la cadera se abre. El niño gira solo la cabeza, no el tronco, hacia la mano derecha, y mira la punta de los dedos.

La postura se mantiene 4 o 5 respiraciones y luego se practica con la pierna izquierda. Se deshace en la espiración.

El guerrero II fortalece las piernas y la espalda. Abre la cadera y los hombros. Activa la mente y la fuerza de voluntad.

18. Postura del guerrero III o *virabhadrasana* III

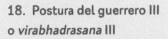

Colocado de pie, el niño da un gran paso hacia delante con la pierna derecha. A continuación baja el tronco hacia el suelo a la vez que la pierna izquierda sube hacia atrás formando una T, y los brazos permanecen al lado del cuerpo o se dirigen hacia delante en línea con la espalda. Las caderas están ambas a la misma altura respecto del suelo. Los niños conocen esta asana también como «el avión».

Todo el cuerpo está muy activo en esta postura, que requiere fuerza y concentración.

Se mantiene 4 o 5 respiraciones y luego se practica con la pierna izquierda en el suelo. Se deshace en la espiración.

El guerrero III refuerza piernas, glúteos, abdomen, espalda y brazos. Favorece el equilibrio y activa la mente y la fuerza de voluntad.

19. Postura del árbol o *vrkasana*

El niño se pone de pie, activa la pierna derecha y el abdomen, lleva el peso hacia la pierna derecha y posteriormente sube el pie izquierdo doblando la rodilla hasta apoyar dicho pie en la zona interna del muslo. Extiende los brazos en forma de ramas, o los levanta y junta las palmas de las manos por encima de la cabeza. Para mantener el equilibrio puede mirar a un punto fijo en el suelo o la pared.

Mantiene la postura 4 o 5 respiraciones y luego la practica con la pierna izquierda en el suelo. La deshace en la espiración.

El árbol refuerza todo el cuerpo, estira la columna vertebral y abre las caderas y los hombros. Favorece el equilibrio y activa la mente y la fuerza de voluntad.

20. El bosque

Cuando los niños han formado la postura del árbol, se dan las manos como si las ramas de los árboles se juntaran. En esta posición se ríen mucho y refuerzan la idea de pertenencia a un grupo, la interconexión con los demás y la disposición a ayudar a los compañeros.

21. Postura del bailarín o *natarajasana*

Estando de pie, se activan la pierna derecha y el abdomen, se lleva el peso hacia la pierna derecha, a continuación se dobla la pierna izquierda hacia atrás y se coge el tobillo con la mano izquierda. Se extiende el brazo derecho hacia el cielo, para luego subir la pierna izquierda hacia el cielo con la ayuda del brazo izquierdo. Para mantener el equilibrio se puede mirar a un punto fijo en el suelo o la pared.

Otra posibilidad es equilibrarse con la ayuda de otro niño que esté ejecutando la postura a la vez, juntando las manos y los brazos derechos.

Se mantiene la postura 4 o 5 respiraciones y luego se practica con la pierna izquierda en el suelo. Se deshace en la espiración.

El bailarín refuerza las piernas y la espalda y abre el pecho y los hombros. Además reduce el estrés y da energía a la mente.

22. Postura del cuervo o *bakasana*

Para realizar esta postura hay que colocarse con los pies separados a la altura de las caderas y las palmas de las manos en el suelo, doblando ligeramente las rodillas. Se doblan los codos de tal forma que formen una base para poder colocar las rodillas encima de los brazos. Luego se levanta una pierna y seguidamente la otra, manteniendo el equilibrio con todo el peso del cuerpo distribuido en los brazos.

Se mantiene la postura 4 o 5 respiraciones y se deshace en la espiración.

El cuervo mejora la coordinación y el equilibrio y refuerza los músculos del abdomen, los brazos y las muñecas.

No conviene hacerlo si existen lesiones en las muñecas o los hombros.

23. Postura sobre la cabeza o *sirsasana*

Esta postura de entrada genera miedo y desconfianza, por eso es buena para superar miedos. Es igual de segura que las demás si se siguen los pasos correctos.

Nosotros la trabajamos en parejas, para que uno la practique y el otro ayude al compañero con el equilibrio al subir las piernas.

Estando arrodillados, el primer paso es entrelazar las manos y apoyar los antebrazos en el suelo. La apertura de los codos viene dada por la medida de un antebrazo del niño.

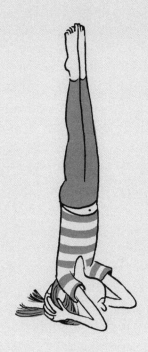

Se lleva la cabeza al suelo y se coloca en el hueco que dejan las dos manos entrelazadas, apoyando la zona de la coronilla. Posteriormente se estiran las rodillas y se comienza a dar pasitos hacia la cabeza. Cuando el torso está vertical, la cabeza bien asentada entre las manos y la coronilla en el suelo, se da un pequeño impulso para subir las dos piernas. El compañero se coloca detrás para parar la subida si tuviera demasiado impulso. A los niños les indico que suban despacio para evitar caídas y que vayan sintiendo su fuerza.

Una vez las piernas están arriba se activa el abdomen y se juntan los dos omoplatos.

El peso del cuerpo de distribuye entre los antebrazos y hombros. Hay que separar los hombros de las orejas para evitar la compresión del cuello.

La postura se mantiene 4 o 5 respiraciones y se deshace en la espiración bajando las piernas cuidadosamente.

Sirsasana refuerza los músculos de todo el cuerpo y mejora la circulación y el equilibrio. Reduce los miedos y el estrés y calma la mente.

24. Postura del barco o *navasana*

Para iniciar esta postura el niño está sentado. Dobla las rodillas elevando los pies y se coloca las manos en la parte superior de las espinillas. Poco a poco va llevando el tronco hacia atrás buscando el equilibrio entre la espalda y las piernas. Con el abdomen muy activo se pueden estirar las piernas formando una V; las manos pueden permanecer en las piernas para poco a poco separarlas y depositar toda la fuerza en el abdomen.

La postura se mantiene 4 o 5 respiraciones y se deshace en la espiración.

El barco requiere un abdomen fuerte, y esto es lo que desarrolla, además de fortalecer las piernas, las caderas y los brazos. Abre hombros y pecho, y fomenta el equilibrio.

Se puede hacer por parejas. En este caso, uno de los niños apoya los pies en las piernas del otro, y viceversa.

25. Postura de la silla o *utkasana* con niño encima

Es una postura que se practica en pareja. Uno de los niños forma una silla sentándose en el aire y coge las manos o antebrazos del otro niño. El segundo niño coloca un pie en los muslos del primero, se impulsa y luego sube el otro pie. Ambos niños se dan las manos con fuerza para lograr una situación de equilibrio.

Se deshace lentamente para no caerse, y se intercambian los papeles.

26. Postura del perro boca abajo o *adho mukha svanasana* **con niño en la espalda**
Esta postura se practica en pareja. Uno de los niños forma la postura del perro boca abajo (explicada en el saludo al sol), el otro niño trepa por las caderas del primero y se desliza por encima de la espalda del primer niño dirigiendo los brazos y la cabeza hacia el suelo. El segundo niño coloca las manos en el suelo y sube las piernas hacia el cielo.

La postura se deshace despacio para que los niños no se caiga. El primero dobla las rodillas para que el que está arriba pueda bajar. Después se intercambian las posiciones.

APÉNDICE 2

TABLAS DE REGISTRO DE PRÁCTICAS

En estas tablas de registro aparecen las prácticas que se realizan durante las seis semanas que duran los talleres, así como algunas prácticas informales detalladas en el apartado «Consejos para la práctica informal del mindfulness» del capítulo 7.

Estos esquemas pueden ayudaros a diseñar un programa para la clase o una rutina de prácticas en casa.

Observaréis que hay prácticas que se repiten en cada sesión. Son las que fomentan el desarrollo de la atención, un requisito fundamental para poder hacer frente tanto a la regulación de las emociones como al desarrollo de la autocompasión y la compasión.

Como he mencionado a lo largo de este libro en varias ocasiones, lo que realmente hace que cambiemos la forma de vivir nuestro presente y de gestionar las emociones es la práctica. Después de finalizar los talleres es muy conveniente seguir practicando.

La forma de usar los registros es sencilla: simplemente hay que ir marcando los recuadros de las prácticas realizadas.

PRÁCTICAS DEL PROGRAMA «NIÑOS ATENTOS Y FELICES»

SEMANA 1	LUNES	MARTES	MIÉRCOLES	JUEVES	VIERNES	SÁBADO	DOMINGO
De camino a tu corazón (Audio 1)							
Siente tu respiración (Audio 2 o 3)							
Sensaciones corporales (Audio 6 o 7)							
¿Cómo comemos? Saboreando (Audio 4)							
Un ratito escuchando a los pájaros							
YOGA							
SEMANA 2	LUNES	MARTES	MIÉRCOLES	JUEVES	VIERNES	SÁBADO	DOMINGO
De camino a tu corazón (Audio 1)							
Siente tu respiración (Audio 2 o 3)							
Sensaciones corporales (Audio 6 o 7)							
La pausa de 3 minutos (Audio 5)							
Reconociendo mis emociones de enfado ira (Audio 8 o 9)							
Baño sintiendo el olor del jabón, el agua en tu piel. Oler las flores en el parque o campo							
YOGA							
SEMANA 3	LUNES	MARTES	MIÉRCOLES	JUEVES	VIERNES	SÁBADO	DOMINGO
Siente tu respiración (Audio 2 o 3)							
Sensaciones corporales (Audio 6 o 7)							
Reconociendo mis emociones de miedo (Audio 8, 9 o 10)							
Me lavo los dientes con atención							
Pinto un mandala							
YOGA							

PRÁCTICAS DEL PROGRAMA «NIÑOS ATENTOS Y FELICES»

SEMANA 4	LUNES	MARTES	MIÉRCOLES	JUEVES	VIERNES	SÁBADO	DOMINGO
Siente tu respiración (Audio 2 o 3)							
Sensaciones corporales (Audio 6 o 7)							
Reconociendo mis emociones de tristeza (Audio 8, 9 u 11)							
Me visto y siento la ropa sobre mi piel							
YOGA							
SEMANA 5	LUNES	MARTES	MIÉRCOLES	JUEVES	VIERNES	SÁBADO	DOMINGO
Siente tu respiración (Audio 2 o 3)							
Sensaciones corporales (Audio 6 o 7)							
Meditación para fomentar la amabilidad hacia uno mismo (Audio 12)							
Meditación para fomentar el amor y la compasión hacia los demás (Audio 13)							
Doy abrazos o masajes a mis papás, hermanos, abuelos…							
Eschucho atentamente y sin interrumpir a los demás							
YOGA							
SEMANA 6	LUNES	MARTES	MIÉRCOLES	JUEVES	VIERNES	SÁBADO	DOMINGO
Siente tu respiración (Audio 2 o 3)							
Sensaciones corporales (Audio 6 o 7)							
Meditación de gratitud (Audio 14)							
Meditación de la sonrisa (Audio 15)							
Meditación de agradecimiento en comidas (Audio 16)							
Comienzo mi diario de gratitud							
Me voy a la cama pensando cosas bonitas y buenas							
YOGA							

AGRADECIMIENTOS

Un simple «gracias» no es suficiente para mostrar mi gratitud a todas las personas que me han apoyado y acompañado en este camino de autora novel.

Mi gratitud más sincera a:

- Gabriel, mi amor, por creer siempre en mí, apoyarme y comprenderme en el cambio más importante de mi vida.
- Julia, mi niña, nada sin ti tendría sentido. Eres mi verdadero motor y haces que cada día sea el más feliz de mi vida.
- María, Isabel y Jimena, no puedo tener mejores sobrinas. Gracias por confiar en mí y permitirme que saque a la luz vuestras vivencias.
- Mi madre, M.ª Teresa, por estar siempre, por ser un ejemplo de superación en lo más duro que le puede pasar a una madre y por darme soporte tanto físico como mental.
- Cristina Moroño, por ser mi segundo yo y estar siempre en los momentos más difíciles. Por tus críticas constructivas y tus orientaciones en la ilustración de este libro.
- Beatriz Moroño, corazón de oro y José Amado Seco, por aportar vuestra experta visión como profesores al proyecto «Niños atentos y felices con mindfulness».
- Lucrecia Sánchez, por estar siempre conmigo animándome, motivándome, y por tu paciencia y sabiduría al orientarme con mis deficiencias sintácticas.
- Ana Hernández, mi amiga-hermana. Gracias por mostrarme tu trabajo con los niños de @Proyecto Marsupio. Eres sensacional.
- Julia Abril, mi colaboradora y mi mano derecha en la preparación de los aspectos audiovisuales, algunas de las imágenes de este libro, y muchas más cosas.
- Silvia Olmedo @silviaolmedo, tú sembraste la semilla del mindfulness en mí hace ya 5 años, ¡y desde entonces no has hecho más que motivarme y ayudarme!
- Mercedes Moreno, Laura Acosta y Paz Ortiz, *my mindful friends*, por vuestros consejos, dedicación y aportaciones tan acertadas.

- Marta Pérez, por tus peticiones tan a tiempo y tu orientación tan profesional.
- Nati Leal, @natileal por ese arte que solo tú tienes para sacarme bien en las fotos.
- Ludmila Leao, de corazón agradezco tu fe en el proyecto «Niños atentos y felices con mindfulness». Nadie más que tú lo puede vivir tan de cerca.
- Ana Albarrán, Alicia Manzano y Carmina, gracias por vuestro cariño, apoyo y vuestros comentarios en la escritura de este libro.
- Patricia Genoud y Ana Arrabé, mis excelentes maestras en los retiros de meditación mindfulness. Desde estas páginas os agradezco lo que vuestros conocimientos, prácticas compartidas y experiencia han supuesto en mi desarrollo personal. Sois adorables.
- A todos los niños y adolescentes que han participado en los talleres «Niños atentos y felices con mindfulness». Gracias por vuestra sinceridad, aportarme tanto y permitirme participar en vuestro cambio.
- Agradecer también a todas las personas que me han apoyado en la creación de este libro: mis editoras Cristina y Teresa, por confiar en mí, por descubrirme y darme esta gran oportunidad en este momento de mi vida. A Bettina, Meri y Rosi, por el fabuloso trabajo de corrección, diseño y maquetación.
- Al doctor Javier García Campayo por su amabilidad, generosidad y disponibilidad al aceptar prologar este libro.

Y para no alargar más la lista, a todas aquellas personas que con cariño y dedicación me han ayudado a sacar este libro adelante.

BIBLIOGRAFÍA

Siegel, D., *El cerebro del niño. 12 estrategias revolucionarias para cultivar la mente en el desarrollo de tu hijo*, Editorial Alba, Barcelona, 2016.

Bueno i Torrens, D., *Neurociencia para educadores. Todo lo que los educadores siempre han querido saber sobre el cerebro de sus alumnos y nunca nadie se ha atrevido a explicárselo de manera comprensible y útil*, Ediciones Octaedro, Barcelona, 2018.

Snel, E., *Tranquilos y atentos como una rana*, Editorial Kairós, Barcelona, 2015.

Kabat-Zinn, J., *Vivir con plenitud las crisis. Cómo utilizar la sabiduría del cuerpo y de la mente para enfrentarnos al estrés, el dolor y la enfermedad*, Editorial Kairós, Barcelona, 2016.

Simón, V., *Aprende a practicar Mindfulness*, Editorial Sello Editorial, Barcelona, 2014.

Tolle, E., *El poder del ahora. Una guía para la iluminación espiritual*, Gaia Ediciones, Madrid, 2001.

Caballo, V., Salazar, I., Carrobles, J. A., *Manual de psicopatología y trastornos psicológicos*, Ediciones Pirámide, Madrid, 2014.

Goleman, D., *Inteligencia emocional*, Editorial Kairós, Barcelona, 2015.

Lantieri, L., *Inteligencia emocional infantil y juvenil*, Aguilar, Madrid, 2008.

Colomina, B., Aguado, P., *La adolescencia. 7 claves para prevenir los problemas de conducta*, Amat Editorial, Barcelona, 2014.

Cid Egea, L., *Explícame qué ha pasado. Guía para ayudar a los adultos a hablar de la muerte y el duelo con los niños*, Fundación Mario Losantos del Campo, Madrid, 2011.

Griffey, H., *Concéntrate. Lo último para no perder el tiempo en el trabajo, los estudios y la vida personal*, Ediciones Planeta, Madrid, 2011.

Hawkins, D. R., *Dejar ir. El camino de la liberación*, El Grano de Mostaza Ediciones, Barcelona, 2015.

Neff, K., *Sé amable contigo mismo. El arte de la compasión hacia uno mismo*, Editorial Paidós, Barcelona, 2017.

Goleman, D., *La fuerza de la compasión. La enseñanza del Dalai Lama para nuestro mundo*, Editorial Kairós, Barcelona, 2015.

Ricard, M., *En defensa de la felicidad*, Ediciones Urano, Barcelona, 2005.

Kabat-Zinn, J. y M., *Padres conscientes, hijos felices*, Editorial Faro, Madrid, 2017.

Calle, R., *El libro de la felicidad*, Martínez Roca Ediciones, Madrid, 2007.

REFERENCIAS BIBLIOGRÁFICAS

Capítulo 1

1. García-Campayo, J., Demarzo, M., Modrego Alarcón, M., *Bienestar emocional y mindfulness en la educación*, Alianza Editorial, Madrid, 2017, p. 52.
2. Davidson, R.J., *El perfil emocional de tu cerebro, claves para modificar nuestras actitudes y reacciones*, Destino, Barcelona, 2012. Citado en García-Campayo, J., Demarzo, M., Modrego Alarcón, M., *Bienestar emocional y mindfulness en la educación*, Alianza Editorial, Madrid, 2017, p. 64.

Capítulo 2

1. American Psychiatric Association, *Diagnostic and statistical manual of mental disorders (DSM-5®)*. American Psychiatric Pub., 2013.
2. Valero, M., Diago, C. C., Martí, A. C., *Mindfulness en el trastorno del déficit de atención e hiperactividad: el programa «MYmind»*, 2017. Citado en *Bienestar emocional y mindfulness en la educación*, Alianza Editorial, pp. 309-324.
3. Bögels, S., Hoogstad, B., Van dun, L., De Schutter, S., Restifo, K., «Mindfulness Training for Adolescents with Externalizing Disorders and their Parents», *Behavioral and Cognitive Psychotherapy*, vol. 36, n.º 2, 2008, pp. 193-209.
4. Para más información, consultar la página web oficial de Proyecto Marsupio (www.proyectomarsupio.com).
5. Griffey, H., *Concéntrate. Lo último para no perder el tiempo en el trabajo, los estudios y la vida personal*, Editorial Planeta, Madrid, 2011, p. 191.
6. Hanson, R., Mendius, R., *El cerebro de buda. La neurociencia de la felicidad, el amor y la sabiduría*, Editorial Milrazones, Santander, 2016, pp. 85-88.

Capítulo 3

1. Hanson, R., Mendius, R., *El cerebro de buda. La neurociencia de la felicidad, el amor y la sabiduría*, Editorial Milrazones, Santander, 2016, pp. 32-33.
2. Tang, Y., Ma, Y., Wang, J., Fan, Y., Feg, S., Lu, Q., Yu, Q., Sui, D., Rothbart, M., Fan, M., Posner, M., *Short-term meditation training improves attention and self-regulation*. National Academy of Sciences, Washington, n.º 104, 2007, pp. 17152-17156.

3. Williams, F., *This Is Your Brain on Nature*, 2016. Publicado originalmente en National Geographic. Recuperado de https://www.nationalgeographic.com/magazine/2016/01/call-to-wild/

4. «The health benefits of going outside», *The Atlantic*, 11 de diciembre de 2014. Recuperado de https://youtu.be/yhUCG-9s8kA

5. Simón, V., *Aprende a practicar mindfulness*, Editorial Sello Editorial, Barcelona, 2014, p. 139.

6. Oñate, A., Zabala, I. P., *Acoso y violencia escolar en España: Informe Cisneros X*. Instituto de Innovación Educativa y Desarrollo Directivo, 2007. Referenciado en www.acosoescolar.com/estudios-cisneros-acoso-escolar/.

Capítulo 4

1. Neff, K., *Sé amable contigo mismo. El arte de la compasión hacia uno mismo*, Editorial Paidós, Barcelona, 2017, p. 18.

2. Rogers, C., *On becoming a person: A therapist's view of psychotherapy*, Boston Houghton Mifflin, 1961. Citado en Simón, V., *Aprende a practicar mindfulness*, Editorial Sello Editorial, Barcelona, 2014, p. 137.

3. Simón, V., *Aprende a practicar mindfulness*, Editorial Sello Editorial, Barcelona, 2014, p.140.

4. Hanson, R., Mendius, R., *El cerebro de buda. La neurociencia de la felicidad, el amor y la sabiduría*, Editorial Milrazones, Santander, 2016, p. 42.

5. Información recuperada de www.oxytocin.org, BLTC Research, 2018.

6. Neff, K., «Development and validation of a scale to measure self-compassion», *Self and Identity*, n.º 2, 2003, pp. 223-250.

7. Goleman, D., *La fuerza de la compasión. La enseñanza del Dalai Lama para nuestro mundo*, Editorial Kairós, Barcelona, 2015, p. 211.

Capítulo 5

1. Ricard, M., *En defensa de la felicidad*, Ediciones Urano, Barcelona, 2005, p. 19.

2. Marco Aurelio, *Pensées*, vol. 19, Société d'Éditions, París, 1953.

3. Ricard, M., *En defensa de la felicidad*, Ediciones Urano, Barcelona, 2005, p. 43.

4. Diener, E., Seligman, M. E. P., «Very happy people», *Psychological Science*, n.º 13, 2002, pp. 81-84.

5. Föllmi, D. y O., *Ofrendas. 130 pensamientos de maestros budistas*, Editorial Lunwerg, Barcelona, 2016, p. 234.

6. Emmons, R., *El pequeño libro de la gratitud*, Gaia Ediciones, Madrid, 2016, p. 21.

7. O'Leary, K., Dockray, S., «The effects of two novel gratitude and mindfulness interventions on well-being», *The Journal of Alternative and Complementary Medicine*, vol. 21, cap. 4, 2015, pp. 243-245.

Capítulo 6

1. Kabat-Zinn, J. y M., *Padres conscientes, hijos felices*, Editorial Faro, Madrid, 2017, p. 29.
2. Kabat-Zinn, J., Schumacher, J., Rosenkranz, M., Muller, D., Santorelli, S. F., Urbanowski, F., Harrington, A., Bomus, K., Sheridan, J. F., «Alterations in brain and immune function produced by mindfulness meditation», *Psychosomatic Medicine*, n.º 65, 2003, pp. 564-570.
3. Walsh, R., Shapiro, S. L., «The meeting of meditative disciplines and Western psychology: A mutually enriching dialogue», *American Psychologist*, n.º 61, 2006, pp. 227-239.
4. Kabat-Zinn, J., *Vivir con plenitud las crisis. Cómo utilizar la sabiduría del cuerpo y de la mente para enfrentarnos al estrés el dolor y la enfermedad*, Editorial Kairós, Barcelona, 2016, pp. 80-86.
5. Goleman, D., *Inteligencia emocional*, Editorial Kairós, Barcelona, 2015, p. 174.
6. Seligman, M., *E. P.* Free Press, Nueva York, 2011. Citado en Inc. García-Campayo, J., Demarzo, M., Modrego, M., *Bienestar emocional y mindfulness en la educación*, Alianza Editorial, Madrid, 2017, p. 28.

» CITAS

Capítulo 2

Cita del inicio del capítulo de Eckhart Tolle: Tolle, E., *El poder del ahora. Una guía para la iluminación espiritual*, Gaia Ediciones, Madrid, 2001, p. 27.

Cita de la Biblia: *La Biblia*, Editorial Verbo Divino, Estella (Navarra), 2011.

Capítulo 3

Cita de Matthieu Ricard: Föllmi D. y O., *Ofrendas. 130 pensamientos de maestros budistas*, Editorial Lunwerg, Barcelona, 2016, p. 84.

Cita de Joseph Goldstein: ibídem, p. 172.

Cita de Marilyn Ferguson: Coderch, E., *Palabras del Silencio. Reflexiones de las tradiciones espirituales de todo el mundo para lograr la armonía interior*, Océano Grupo Editorial, Barcelona, 2000, p. 111.

Cita de Pema Chödrön: Föllmi D. y O., *Ofrendas. 130 pensamientos de maestros budistas*, Editorial Lunwerg, Barcelona, 2016, p. 74.

Proverbio chino citado en www.proverbia.net/cita.asp?id=453059416

Cita de Pema Chödrön: Föllmi D. y O., *Ofrendas. 130 pensamientos de maestros budistas*, Editorial Lunwerg, Barcelona, 2016, p. 56.

Cita de Shantideva: ibídem, pág. 138.

Cita de Pema Chödrön: ibídem, p. 258.

Capítulo 4
Cita de Jack Kornfield: Föllmi D. y O., *Ofrendas. 130 pensamientos de maestros budistas*, Editorial Lunwerg, Barcelona, 2016, p. 220.

Capítulo 5
Cita de Arnaud Desjardins: Föllmi D. y O., *Ofrendas. 130 pensamientos de maestros budistas*, Editorial Lunwerg, Barcelona, 2016, p. 146.

Cita de Joseph Unger: Coderch, E., *Palabras del Silencio. Reflexiones de las tradiciones espirituales de todo el mundo para lograr la armonía interior*, Océano Grupo Editorial, Barcelona, 2000, p. 168.

Capítulo 6
Cita de David Whyte: Texto de Whyte, D., citado en Kabat-Zinn, J. y M., *Padres conscientes, hijos felices*, Editorial Faro, Madrid, 2017, p. 142.

Cita de Swami Vivekananda: Föllmi D. y O., *Ofrendas. 130 pensamientos de maestros budistas*, Editorial Lunwerg, Barcelona, 2016, p. 192.

Capítulo 7
Cita de Eckhart Tolle: Tolle, E., *El poder del ahora. Una guía para la iluminación espiritual*, Gaia Ediciones, Madrid, 2001, p. 70-71.

Cita de Thoreau: Thoreau, H. D., *Walden*, Errata Naturae, 2013.